incoterms 90

INternational COmmercial terms

D0835056

Entry into force 1st July 1990

Entrée en vigueur 1er juillet 1990

English (original text) / French (translation)
Anglais (texte original) / Français (traduction)

CONTENTS

Foreword 5

Introduction 6

INCOTERMS 1990

EXW	EX WORKS (... named place)	18
FCA	FREE CARRIER (... named place)	24
FAS	FREE ALONGSIDE SHIP (... named port of shipment)	32
FOB	FREE ON BOARD (... named port of shipment)	38
CFR	COST AND FREIGHT (... named port of destination)	44
CIF	COST, INSURANCE AND FREIGHT (... named port of destination)	50
CPT	CARRIAGE PAID TO (... named place of destination)	56
CIP	CARRIAGE AND INSURANCE PAID TO (... named place of destination)	62
DAF	DELIVERED AT FRONTIER (... named place)	68
DES	DELIVERED EX SHIP (... named port of destination)	74
DEQ	DELIVERED EX QUAY (DUTY PAID) (... named port of destination)	80
DDU	DELIVERED DUTY UNPAID (... named place of destination)	86
DDP	DELIVERED DUTY PAID (... named place of destination)	92

ICC SERVING WORLD BUSINESS 202

PUBLICATIONS 205

Please note that the abbreviations in three letters given for each Incoterm are a standard reference agreed upon by the ICC and the Economic Commission for Europe of the United Nations.

TABLE DES MATIÈRES

Avant-propos   101

Introduction   102

INCOTERMS 1990

EXW	A L'USINE (... lieu convenu)	116
FCA	FRANCO TRANSPORTEUR (... lieu convenu)	122
FAS	FRANCO LE LONG DU NAVIRE (... port d'embarquement convenu)	132
FOB	FRANCO BORD (... port d'embarquement convenu)	138
CFR	COUT ET FRET (... port de destination convenu)	144
CIF	COUT, ASSURANCE ET FRET (... port de destination convenu)	150
CPT	PORT PAYE JUSQU'A (... lieu de destination convenu)	158
CIP	PORT PAYE, ASSURANCE COMPRISE, JUSQU'A (... lieu de destination convenu)	164
DAF	RENDU FRONTIERE (... lieu convenu)	170
DES	RENDU EX SHIP (... port de destination convenu)	176
DEQ	RENDU A QUAI (DROITS ACQUITTES) (... port de destination convenu)	182
DDU	RENDU DROITS NON ACQUITTES (... lieu de destination convenu)	188
DDP	RENDU DROITS ACQUITTES (... lieu de destination convenu)	194

LA CCI AU SERVICE DES AFFAIRES   209

PUBLICATIONS   212

Les abréviations de trois lettres données en tête de chaque Incoterm constituent un code standardisé adopté conjointement par la CCI et la Commission Economique pour l'Europe des Nations Unies. **3**

FOREWORD

Sending goods from one country to another, as part of a commercial transaction, can be a risky business. If they are lost or damaged, or if delivery does not take place for some other reason, the climate of confidence between parties may degenerate to the point where a lawsuit is brought. However, above all, sellers and buyers in international contracts want their deals to be successfully completed.

If, when drawing up their contract, buyer and seller specifically refer to one of the ICC Incoterms, they can be sure of defining their respective responsibilities, simply and safely. In so doing they eliminate any possibility of misunderstanding and subsequent dispute.

Incoterms have been revised to take account of changes in transportation techniques - certain terms have been consolidated and rearranged - and to render them fully compatible with new developments in electronic data interchange (EDI). They are presented in a new format which allows seller and buyer to follow a step-by-step process to determine their respective obligations. A new lay-out makes Incoterms 1990 easier to use.

The publication is the result of extensive consideration by the ICC's Commercial Practices Commission and particularly its Trade Terms Working Party under the Chairmanship of Dr. Hans de Vries (Netherlands). Detailed drafting was entrusted to Professor Jan Ramberg (Sweden), Mr. Ray Battersby (United Kingdom), Mr. Jens Bredow and Mr. Bodo Seiffert (Germany), Mr. Mauro Ferrante (Italy), Mr. Asko Räty and Mr. Kainu Mikkola (Finland) and to Mrs. Carol Xueref (IHQ) to whom the ICC is particularly indebted.

The other Working Party participants were as follows:
Mr. Ladislaus Blaschek (Austria), Mrs. Carine Gelens, Mr. Jan Somers (†) and Mr. Robert De Roy (Belgium), Mr. Matti Elovirta and Mr. Timo Vierikko (Finland), Mr. Klaus B. Winkler (Germany), Dott. Vladimiro Sabbadini (Italy), Prof. Ryohei Asaoka (Japan), Mr. Santiago Hernandez Izal (Spain), Miss Lyn Murray, Miss Brigitte Faubert and Mr. Pat J. Moore (United Kingdom).

INTRODUCTION

PURPOSE OF INCOTERMS

1. The purpose of «Incoterms» is to provide a set of international rules for the interpretation of the most commonly used trade terms in foreign trade. Thus, the uncertainties of different interpretations of such terms in different countries can be avoided or at least reduced to a considerable degree.

2. Frequently parties to a contract are unaware of the different trading practices in their respective countries. This can give rise to misunderstandings, disputes and litigation with all the waste of time and money that this entails. In order to remedy these problems the International Chamber of Commerce first published in 1936 a set of international rules for the interpretation of trade terms. These rules were known as «Incoterms 1936». Amendments and additions were later made in 1953, 1967, 1976, 1980 and presently 1990 in order to bring the rules in line with current international trade practices.

WHY NEW INCOTERMS?

3. The main reason for the 1990 revision of Incoterms was the desire to adapt terms to the increasing use of electronic data interchange (EDI). In the present 1990 version of Incoterms this is possible when the parties have to provide various documents (such as commercial invoices, documents needed for customs clearance or documents in proof of delivery of the goods as well as transport documents). Particular problems arise when the seller has to present a negotiable transport document and notably the bill of lading which is frequently used for the purposes of selling the goods while they are being carried. In these cases it is of vital importance, when using EDI messages, to ensure that the buyer has the same legal position as he would have obtained if he had received a bill of lading from the seller.

NEW TRANSPORTATION TECHNIQUES

4. A further reason for the revision stems from changed transportation techniques, particularly the unitisation of cargo in containers, multimodal transport and roll on-roll off traffic with road vehicles and railway wagons in «short-sea» maritime transport. In Incoterms 1990 the term «Free carrier ... named place» (FCA) has now been adapted to suit all types of transport irrespective of the mode and combination of different modes. As a consequence, the terms which appear in the previous version of Incoterms dealing with some particular modes of transport (FOR/FOT and FOB Airport) have been removed.

NEW METHOD OF PRESENTING INCOTERMS

5. In connection with the revision work within the ICC Working Party, suggestions were made to present the trade terms in another manner for the purpose of easier reading and understanding. The terms have been grouped in four basically different categories; namely starting with the only term whereby the seller makes the goods available to the buyer at the seller's own premises (the «E»-term Ex works); followed by the second group whereby the seller is called upon to deliver the goods to a carrier appointed by the buyer (the «F»-terms FCA, FAS and FOB); continuing with the «C»-terms where the seller has to contract for carriage, but without assuming the risk of loss of or damage to the goods or additional costs due to events occurring after shipment and dispatch (CFR, CIF, CPT and CIP); and, finally, the «D»-terms whereby the seller has to bear all costs and risks needed to bring the goods to the country of destination (DAF, DES, DEQ, DDU and DDP). A chart setting out this new classification is given hereafter.

INCOTERMS 1990

Group E Departure	**EXW**	Ex Works
Group F Main carriage unpaid	**FCA**	Free Carrier
	FAS	Free Alongside Ship
	FOB	Free On Board
Group C Main carriage paid	**CFR**	Cost and Freight
	CIF	Cost, Insurance and Freight
	CPT	Carriage Paid To
	CIP	Carriage and Insurance Paid To
Group D Arrival	**DAF**	Delivered At Frontier
	DES	Delivered Ex Ship
	DEQ	Delivered Ex Quay
	DDU	Delivered Duty Unpaid
	DDP	Delivered Duty Paid

Further, under all terms, the respective obligations of the parties have been grouped under 10 headings where each heading on the seller's side «mirrors» the position of the buyer with respect to the same subject matter. Thus, if for instance according to A.3. the seller has to arrange and pay for the contract of carriage we find the words «No obligation» under the heading «Contract of carriage» in B.3. setting forth the buyer's position. Needless to say, this does not mean that the buyer would not in his own interest make such contracts as may be needed to bring the goods to the desired destination, but he has no «obligation» to the seller to do so. However, with respect to the division between the parties of duties, taxes and other official charges, as well as the costs of carrying out customs formalities, the terms explain for the sake of clarity how such costs are divided between the parties although, of course, the seller might not have any interest at all in the buyer's further disposal of the goods after they have been delivered to him. Conversely, under some terms such as the «D»-terms, the buyer is not interested in costs which the seller might incur in order to bring the goods all the way to the agreed destination point.

CUSTOMS OF THE PORT OR OF A PARTICULAR TRADE

6.   Since the trade terms must necessarily be possible to use in different trades and regions it is impossible to set forth the obligations of the parties with precision. To some extent it is therefore necessary to refer to the custom of the particular trade place or to the practices which the parties themselves may have established in their previous dealings (cf. Article 9 of the 1980 United Nations Convention on Contracts for the International Sale of Goods). It is of course desirable that sellers and buyers keep themselves duly informed of such customs of the trade when they negotiate their contract and that, whenever uncertainty arises, clarify their legal position by appropriate clauses in their contract of sale. Such special provisions in the individual contract would supersede or vary anything which is set forth as a rule of interpretation in the various Incoterms.

THE BUYER'S OPTIONS

7.   In some situations, it may not be possible at the time when the contract of sale is entered into to decide precisely on the exact point or even the place where the goods should be delivered by the seller for carriage or at the final destination. For instance reference might have been made at this stage merely to a «range» or to a rather large place, e.g. seaport, and it is then usually stipulated that the buyer can have the right or duty to name later on the more precise point within the range or the place. If the buyer has a duty to name the precise point as aforesaid his failure to do so might result in liability to bear the risks and additional costs resulting from such failure. In addition, the buyer's failure to use his right to indicate the point may give the seller the right to select the point which best suits his purpose.

CUSTOMS CLEARANCE

8.   It is normally desirable that customs clearance is arranged by the party domiciled in the country where such clearance should take place or at least by somebody acting there on his behalf. Thus, the exporter should normally clear the goods for export, while the importer should clear the goods for import. However, under some trade terms, the buyer might undertake to clear the goods for export in the seller's country (EXW, FAS) and, in other terms, the seller might undertake to clear the goods for import into the buyer's country (DEQ and DDP). Needless to say in these cases the buyer and the seller respectively must assume any risk of export and import prohibition. Also they must ascertain that a customs clearance performed by, or on behalf of, a party not domiciled in the respective country is accepted by the authorities. Particular problems arise when the seller undertakes to deliver the goods into the buyer's country in places which cannot be reached until the goods have been cleared for import but where his ability to reach that place is adversely affected by the buyer's failure to fulfil his obligation to clear the goods for import (see further the comment to DDU below).

It may well be that a buyer would wish to collect the goods at the seller's premises under the term EXW or to receive the goods alongside a ship under the trade term FAS, but would like the seller to clear the goods for export. If so, the words «cleared for export» could be added after the respective trade term. Conversely, it may be that the seller is prepared to deliver the goods under the trade term DEQ or DDP, but without assuming wholly or partly the obligation to pay the duty or other taxes or official charges levied upon importation of the goods. If so, the words «duty unpaid» might be added after DEQ; or the particular taxes or charges which the seller does not wish to pay may be specifically excluded, e.g. DEQ or DDP «VAT unpaid».

It has also been observed that in many countries it is difficult for a foreign company to obtain not only the import licence, but also duty reliefs (VAT deduction, etc.). «Delivered, Duty Unpaid», can solve these problems by removing from the seller the obligation to clear the goods for import.

In some cases, however, the seller whose obligation of carriage extends to the buyer's premises in the country of import, wants to carry out customs formalities without paying the duties. If so, the DDU term should be added with words to that effect such as «DDU, cleared». Corresponding additions may be used with other «D» terms, e.g. «DDP, VAT unpaid», «DEQ, duty unpaid».

PACKAGING

9.   In most cases, the parties would know beforehand which packaging is required for the safe carriage of the goods to the destination. However, since the seller's obligation to pack the goods may well vary according to the type and duration of the transport envisaged, it has been felt necessary to stipulate that the seller is obliged to pack the goods in such a manner as is required for the transport, but only to the extent that the circumstances relating to the transport are made known to him before the contract of sale is concluded (cf. Articles 35.1. and 35.2.b. of the 1980 United Nations Convention on Contracts for the International Sale of Goods where the goods, including packaging, must be «fit for any particular purpose expressly or impliedly made known to the seller at the time of the conclusion of the contract, except where the circumstances show that the buyer did not rely, or that it was unreasonable for him to rely, on the seller's skill and judgement»)

INSPECTION OF GOODS

10. In many cases, the buyer may be well advised to arrange for inspection of the goods before or at the time they are handed over by the seller for carriage (so-called pre-shipment inspection or PSI). Unless the contract stipulates otherwise, the buyer would himself have to pay the cost for such inspection which is arranged in his own interest. However, if the inspection has been made in order to enable the seller to comply with any mandatory rules applicable to the export of the goods in his own country he would have to pay for that inspection.

FREE CARRIER... NAMED PLACE (FCA)

11. As has been said, the FCA-term could be used whenever the seller should fulfil his obligation by handing over the goods to a carrier named by the buyer. It is expected that this term will also be used for maritime transport in all cases where the cargo is not handed to the ship in the traditional method over the ship's rail. Needless to say, the traditional FOB-term is inappropriate where the seller is called upon to hand over the goods to a cargo terminal before the ship arrives, since he would then have to bear the risks and costs after the time when he has no possibility to control the goods or to give instructions with respect to their custody.

It should be stressed that under the «F»-terms, the seller should hand over the goods for carriage as instructed by the buyer, since the buyer would make the contract of carriage and name the carrier. Thus, it is not necessary to spell out in the trade term precisely how the goods should be handed over by the seller to the carrier. Nevertheless, in order to make it possible for traders to use FCA as an «overriding» «F»-term, explanations are given with respect to the customary modalities of delivery for the different modes of transport.

In the same manner, it may well be superfluous to introduce a definition of «carrier», since it is for the buyer to instruct the seller to whom the goods should be delivered for carriage. However, since the carrier and the document of transport are of great importance to traders, the preamble to the FCA-term contains a definition of «carrier». In this context, it should be noted that the term «carrier» not only refers to an enterprise actually performing the carriage but it also includes an enterprise merely having undertaken to perform or to procure the performance of the carriage as long as such enterprise assumes liability as a carrier for the carriage. In other words, the term «carrier» comprises performing as well as contracting carriers. Since the position in this respect of the freight forwarder varies from country to country and according to practices in the freight forwarding industry, the preamble contains a reminder that the seller must, of course, follow the buyer's instructions to deliver the goods to a freight forwarder even if the freight forwarder would have refused to accept carrier liability and thus fall outside the definition of «carrier».

THE «C»-TERMS (CFR, CIF, CPT AND CIP)

12. Under the «C»-terms, the seller must contract for carriage on usual terms at his own expense. Therefore, a point up to which he would have to pay transportation costs must necessarily be indicated after the respective «C»-term. Under the CIF and CIP terms the seller also has to take out insurance and bear the insurance cost.

Since the point for the division of costs refers to the country of destination, the «C»-terms are frequently mistakenly believed to be arrival contracts, whereby the seller is not relieved from any risks or costs until the goods have actually arrived at the agreed point. However, it must be stressed over and over again that the «C»-terms are of the same nature as the «F»-terms in that the seller fulfils the contract in the country of shipment or dispatch. Thus, the contracts of sale under the «C»-terms, like the contracts under the «F»-terms, fall under the category of shipment contracts.

While the seller would have to pay the normal transportation cost for the carriage of the goods by a usual route and in a customary manner to the agreed place of destination, the risk for loss of or damage to the goods, as well as additional costs resulting from events occurring after the goods having been handed over for carriage, fall upon the buyer. Hence, the «C»-terms as distinguished from all other terms contain two «critical» points, one for the division of costs and another one for the division of risks. For this reason, the greatest caution must be observed when adding obligations of the seller to the «C»-terms referring to a time after the aforementioned «critical» point for the division of risk. It is the very essence of the «C»-terms to relieve the seller from any further risk and cost after he has duly fulfilled his contract by contracting for carriage and handing over the goods to the carrier and by providing for insurance under the CIF- and CIP-terms.

It should also be possible for the seller to agree with the buyer to collect payment under a documentary credit by presenting the agreed shipping documents to the bank. It would be quite contrary to this common method of payment in international trade if the seller were to have to bear further risks and costs after the moment when payment had been made under documentary credits or otherwise upon shipment and dispatch of the goods. Needless to say, however, the seller would have to pay every cost which is due to the carrier irrespective of whether freight should be pre-paid upon shipment or is payable at destination (freight collect), except such additional costs which may result from events occurring subsequent to shipment and dispatch.

If it is customary to procure several contracts of carriage involving transhipment of the goods at intermediate places in order to reach the agreed destination, the seller would have to pay all these costs, including any costs when the goods are transhipped from one means of conveyance to the other. If, however, the carrier exercised his rights under a transhipment - or similar clause - in order to avoid unexpected hindrances (such as ice, congestion, labour disturbances, government orders, war or warlike operations) then any additional cost resulting therefrom would be for the account of the buyer.

13.   It happens quite often that the parties wish to clarify to which extent the seller should procure a contract of carriage including the costs of discharge. Since such costs are normally covered by the freight when the goods are carried by regular shipping lines, the contract of sale would frequently stipulate that the goods would have to be so carried or at least that they should be carried under « liner terms ». In other cases, the word « landed » is added after CFR or CIF. Nevertheless, it is advisable not to use abbreviations added to the « C »-terms unless, in the relevant trade, the meaning of the abbreviations is clearly understood and accepted by the contracting parties or under any applicable law or custom of the trade. In any event, the seller should not - and indeed could not - without changing the very nature of the « C »-terms undertake any obligation with respect to the arrival of the goods at destination, since the risk for any delay during the carriage is borne by the buyer. Thus, any obligation with respect to time must necessarily refer to the place of shipment or dispatch, e.g.« shipment (dispatch) not later than ... ». An agreement e.g.« CFR Hamburg not later than... » is really a misnomer and thus open to different possible interpretations. The parties could be taken to have meant either that the goods must actually arrive at Hamburg at the specified date, in which case the contract is not a shipment contract but an arrival contract or, alternatively, that the seller must ship the goods at such a time that they would normally arrive at Hamburg before the specified date unless the carriage would have been delayed because of unforeseen events.

14.   It happens in commodity trades that goods are bought while they are carried at sea and that, in such cases, the word « afloat » is added after the trade term. Since the risk for loss of or damage to the goods would then, under the CFR- and CIF-terms, have passed from the seller to the buyer, difficulties of interpretation might arise. One possibility would be to maintain the ordinary meaning of the CFR- and CIF-terms with respect to the division of risk between seller and buyer which would mean that the buyer might have to assume risks which have already occurred at the time when the contract of sale has entered into force. The other possibility would be to let the passing of the risk coincide with the time when the contract of sale is concluded. The former possibility might well be practical, since it is usually impossible to ascertain the condition of the goods while they are being carried. For this reason the 1980 UN Convention on Contracts for the International Sale of Goods Article 68 stipulates that «if the circumstances so indicate, the risk is assumed by the buyer from the time the goods were handed over to the carrier who issued the documents embodying the contract of carriage». There is, however, an exception to this rule when «the seller knew or ought to have known that the goods had been lost or damaged and did not disclose this to the buyer». Thus, the interpretation of a CFR- or CIF-term with the addition of the word «afloat» will depend upon the law applicable to the contract of sale. The parties are advised to ascertain the applicable law and any solution which might follow therefrom. In case of doubt, the parties are advised to clarify the matter in their contract.

«INCOTERMS» AND THE CONTRACT OF CARRIAGE

15. It should be stressed that Incoterms only relate to trade terms used in the contract of sale and thus do not deal with terms - sometimes of the same or similar wording - which may be used in contracts of carriage, particularly as terms of various charterparties. Charterparty terms are usually more specific with respect to costs of loading and discharge and the time available for these operations (so-called «demurrage»-provisions). Parties to contracts of sale are advised to consider this problem by specific stipulations in their contracts of sale so that it is made clear as exactly as possible how much time would be available for the seller to load the goods on a ship or other means of conveyance provided by the buyer and for the buyer to receive the goods from the carrier at destination and, further, to specify to which extent the seller would have to bear the risk and cost of loading operations under the «F»-terms and discharging operations under the «C»-terms. The mere fact that the seller might have procured a contract of carriage, e.g. under the charterparty term «free out» whereby the carrier in the contract of carriage would be relieved from the discharging operations, does not necessarily mean that the risk and cost for such operations would fall upon the buyer under the contract of sale, since it might follow from the stipulations of the latter contract, or the custom of the port, that the contract of carriage procured by the seller should have included the discharging operations.

THE «ON BOARD REQUIREMENT» UNDER FOB, CFR AND CIF

16. The contract of carriage would determine the obligations of the shipper or the sender with respect to handing over the goods for carriage to the carrier. It should be noted that FOB, CFR and CIF all retain the traditional practice to deliver the goods on board the vessel. While, traditionally, the point for delivery of the goods according to the contract of sale coincided with the point for handing over the goods for carriage, contemporary transportation techniques create a considerable problem of «synchronisation» between the contract of carriage and the contract of sale. Nowadays goods are usually delivered by the seller to the carrier before the goods are taken on board or sometimes even before the ship has arrived in the seaport. In such cases, merchants are advised to use such «F»- or «C»-terms which do not attach the handing over of the goods for carriage to shipment on board, namely FCA, CPT or CIP instead of FOB, CFR and CIF.

THE «D»-TERMS (DAF, DES, DEQ, DDU AND DDP)

17. As has been said, the «D»-terms are different in nature from the «C»-terms, since the seller according to the «D»-terms is responsible for the arrival of the goods at the agreed place or point of destination. The seller must bear all risks and costs in bringing the goods thereto. Hence, the «D»-terms signify arrival contracts, while the «C»-terms evidence shipment contracts.

The «D»-terms fall into two separate categories. Under DAF, DES and DDU the seller does not have to deliver the goods cleared for import, while under DEQ and DDP he would have to do so. Since DAF is frequently used in railway traffic, where it is practical to obtain a through document from the railway covering the entire transport to the final destination and to arrange insurance for the same period, DAF contains a stipulation in this respect in A.8.. It should be stressed, however, that the seller's duty to assist the buyer in obtainng such a through document of transport is done at the buyer's risk and expense. Similarly, any costs of insurance relating to the time subsequent to the seller's delivery of the goods at the frontier would be for the account of the buyer.

The term DDU has been added in the present 1990 version of Incoterms. The term fulfils an important function whenever the seller is prepared to deliver the goods in the country of destination without clearing the goods for import and paying the duty. Whenever clearance for import does not present any problem - such as within the European Common Market - the term may be quite desirable and appropriate. However, in countries where import clearance may be difficult and time consuming, it may be risky for the seller to undertake an obligation to deliver the goods beyond the customs clearance point. Although, according to DDU B.5. and B.6., the buyer would have to bear the additional risks and costs which might follow from his failure to fulfil his obligations to clear the goods for import, the seller is advised not to use the term DDU in countries where difficulties might be expected in clearing the goods for import.

THE BILL OF LADING AND EDI PROCEDURES

18. Traditionally, the on board bill of lading has been the only acceptable document to be presented by the seller under the terms CFR and CIF. The bill of lading fulfils three important functions, namely

- proof of delivery of the goods on board the vessel
- evidence of the contract of carriage
- a means of transferring rights to the goods in transit by the transfer of the paper document to another party.

Transport documents other than the bill of lading would fulfil the two first-mentioned functions, but would not control the delivery of the goods at destination or enable a buyer to sell the goods in transit by surrendering the paper document to his buyer. Instead, other transport documents would name the party entitled to receive the goods at destination. The fact that the possession of the bill of lading is required in order to obtain the goods from the carrier at destination makes it particularly difficult to replace by EDI-procedures.

Further, it is customary to issue bills of lading in several originals but it is, of course, of vital importance for a buyer or a bank acting upon his instructions in paying the seller to ensure that all originals are surrendered by the seller (so-called «full set»). This is also a requirement under the ICC Rules for Documentary Credits (the so-called Uniform Customs and Practice,« UCP »; ICC Publication 400).

The transport document must evidence not only delivery of the goods to the carrier but also that the goods, as far as could be ascertained by the carrier, were received in good order and condition. Any notation on the transport document which would indicate that the goods had not been in such condition would make the document «unclean» and thus make it unacceptable under UCP (Art. 18 ; see also ICC Publication 473). In spite of the particular legal nature of the bill of lading it is expected that it will be replaced by EDI procedures in the near future. The 1990 version of Incoterms has taken this expected development into proper account.

NON-NEGOTIABLE TRANSPORT DOCUMENTS INSTEAD OF BILLS OF LADING

19. In recent years, a considerable simplification of documentary practices has been achieved. Bills of lading are frequently replaced by non-negotiable documents similar to those which are used for other modes of transport than carriage by sea. These documents are called «sea waybills», «liner waybills», «freight receipts», or variants of such expressions. These non-negotiable documents are quite satisfactory to use except where the buyer wishes to sell the goods in transit by surrendering a paper document to the new buyer. In order to make this possible, the obligation of the seller to provide a bill of lading under CFR and CIF must necessarily be retained. However, when the contracting parties know that the buyer does not contemplate selling the goods in transit, they may specifically agree to relieve the seller from the obligation to provide a bill of lading, or, alternatively, they may use CPT and CIP where there is no requirement to provide a bill of lading.

MODE OF TRANSPORT AND THE
APPROPRIATE INCOTERM 1990

Any Mode of Transport including Multimodal	EXW	Ex Works (... named place)
	FCA	Free Carrier (... named place)
	CPT	Carriage Paid To (... named place of destination)
	CIP	Carriage and Insurance Paid To (... named place of destination)
	DAF	Delivered At Frontier (... named place)
	DDU	Delivered Duty Unpaid (... named place of destination)
	DDP	Delivered Duty Paid (... named place of destination)
Air Transport	FCA	Free Carrier (... named place)
Rail Transport	FCA	Free Carrier (... named place)
Sea and Inland Waterway Transport	FAS	Free Alongside Ship (... named port of shipment)
	FOB	Free On Board (... named port of shipment)
	CFR	Cost and Freight (... named port of destination)
	CIF	Cost, Insurance and Freight (... named port of destination)
	DES	Delivered Ex Ship (... named port of destination)
	DEQ	Delivered Ex Quay (... named port of destination)

THE RIGHT TO GIVE INSTRUCTIONS TO THE CARRIER

20. A buyer paying for the goods under a « C »-term should ensure that the seller upon payment is prevented from disposing of the goods by new instructions to the carrier. Some transport documents used for particular modes of transport (air, road or rail) offer the contracting parties a possibility to estop the seller from giving such new instructions to the carrier by providing the buyer with a particular original or duplicate of the waybill. These waybills will have a « no-disposal » clause. However, the documents used instead of bills of lading for maritime carriage do not normally contain such an « estoppel » function. Work is in progress within the Comité Maritime International to remedy this shortcoming of the above-mentioned documents by introducing «Uniform Rules for Sea Waybills». However, until this work has materialised, and been followed through in practice, the buyer should avoid paying against these non-negotiable documents whenever he has any reason to mistrust his seller.

PASSING OF RISKS AND COSTS RELATING TO THE GOODS

21.   The risk for loss of or damage to the goods, as well as the obligation to bear the costs relating to the goods, passes from the seller to the buyer when the seller has fulfilled his obligation to deliver the goods. Since the buyer should not be given the possibility to delay the passing of the risks and costs, all terms stipulate that the passing of risks and costs may occur even before delivery, if the buyer does not take delivery as agreed or fails to give such instructions (with respect to time for shipment and/or place for delivery) as the seller may require in order to fulfil his obligation to deliver the goods. It is a requirement for such premature passing of risk and costs that the goods have been identified as intended for the buyer or, as is stipulated in the terms, set aside for him (appropriation). This requirement is particularly important under EXW, since under all other terms the goods would normally have been identified as intended for the buyer when measures have been taken for their shipment or dispatch («F»- and «C»-terms) or their delivery at destination («D»-terms). In exceptional cases, however, the goods may have been sent from the seller in bulk without identification of the quantity for each buyer and, if so, passing of risk and cost does not occur before the goods have been appropriated as aforesaid (cf. also Article 69.3 of the 1980 UN Convention on the International Sale of Goods).

REFERENCE TO INCOTERMS

22.   Merchants wishing to use these rules should now specify that their contracts will be governed by «Incoterms 1990».

ICC ARBITRATION

Contracting parties that wish to have the possibility of resorting to ICC Arbitration in the event of a dispute with their contracting partner should specifically and clearly agree upon ICC Arbitration in their contract or, in the event no single contractual document exists, in the exchange of correspondence which constitutes the agreement between them. The fact of incorporating one or more Incoterms in a contract or the related correspondence does NOT by itself constitute an agreement to have resort to ICC Arbitration.

The following standard arbitration clause is recommended by the ICC :

«All disputes arising in connection with the present contract shall be finally settled under the Rules of Conciliation and Arbitration of the International Chamber of Commerce by one or more arbitrators appointed in accordance with the said Rules.»

EX WORKS
(... named place)

«Ex works» means that the seller fulfils his obligation to deliver when he has made the goods available at his premises (i.e. works, factory, warehouse, etc.) to the buyer. In particular, he is not responsible for loading the goods on the vehicle provided by the buyer or for clearing the goods for export, unless otherwise agreed. The buyer bears all ▶

A▶ THE SELLER MUST

A 1   Provision of goods in conformity with the contract

Provide the goods and the commercial invoice, or its equivalent electronic message, in conformity with the contract of sale and any other evidence of conformity which may be required by the contract.

A 2   Licences, authorisations and formalities

Render the buyer, at the latter's request, risk and expense, every assistance in obtaining any export licence or other official authorisation necessary for the exportation of the goods.

A 3   Contract of carriage and insurance

a) Contract of carriage
No obligation.
b) Contract of insurance
No obligation.

A 4   Delivery

Place the goods at the disposal of the buyer at the named place of delivery on the date or within the period stipulated or, if no such place or time is stipulated, at the usual place and time for delivery of such goods.

A 5   Transfer of risks

Subject to the provisions of B.5., bear all risks of loss of or damage to the goods until such time as they have been placed at the disposal of the buyer in accordance with A.4.

EX WORKS

(... named place)

▶ costs and risks involved in taking the goods from the seller's premises to the desired destination. This term thus represents the minimum obligation for the seller. This term should not be used when the buyer cannot carry out directly or indirectly the export formalities. In such circumstances, the FCA term should be used.

B▶ THE BUYER MUST

B 1   Payment of the price

Pay the price as provided in the contract of sale.

B 2   Licences, authorisations and formalities

Obtain at his own risk and expense any export and import licence or other official authorisation and carry out all customs formalities for the exportation and importation of the goods and, where necessary, for their transit through another country.

B 3   Contract of carriage

No obligation.

B 4   Taking delivery

Take delivery of the goods as soon as they have been placed at his disposal in accordance with A.4.

B 5   Transfer of risks

Bear all risks of loss of or damage to the goods from the time they have been placed at his disposal in accordance with A.4. Should he fail to give notice in accordance with B.7., bear all

EX WORKS

A 6   Division of costs

Subject to the provisions of B.6., pay all costs relating to the goods until such time as they have been placed at the disposal of the buyer in accordance with A.4.

A 7   Notice to the buyer

Give the buyer sufficient notice as to when and where the goods will be placed at his disposal.

A 8   Proof of delivery, transport document or equivalent electronic message

No obligation.

A 9   Checking - packaging - marking

Pay the costs of those checking operations (such as checking quality, measuring, weighing, counting) which are necessary for the purpose of placing the goods at the disposal of the buyer.

Provide at his own expense packaging (unless it is usual for the particular trade to make the goods of the contract description available unpacked) which is required for the transport of the goods, to the extent that the circumstances relating to the transport (e.g. modalities, destination) are made known to the seller before the contract of sale is concluded. Packaging is to be marked appropriately.

risks of loss of or damage to the goods from the agreed date or the expiry date of any period fixed for taking delivery provided, however, that the goods have been duly appropriated to the contract, that is to say clearly set aside or otherwise identified as the contract goods.

B 6   Division of costs

Pay all costs relating to the goods from the time they have been placed at his disposal in accordance with A.4.

Pay any additional costs incurred by failing either to take delivery of the goods when they have been placed at his disposal, or to give appropriate notice in accordance with B.7. provided, however, that the goods have been duly appropriated to the contract, that is to say clearly set aside or otherwise identified as the contract goods.

Pay all duties, taxes and other official charges as well as the costs of carrying out customs formalities payable upon exportation and importation of the goods and, where necessary, for their transit through another country.

Reimburse all costs and charges incurred by the seller in rendering assistance in accordance with A.2.

B 7   Notice to the seller

Whenever he is entitled to determine the time within a stipulated period and/or the place of taking delivery, give the seller sufficient notice thereof.

B 8   Proof of delivery, transport document or equivalent electronic message

Provide the seller with appropriate evidence of having taken delivery.

B 9   Inspection of goods

Pay, unless otherwise agreed, the costs of pre-shipment inspection (including inspection mandated by the authorities of the country of exportation).

EX WORKS

A 10   Other obligations

Render the buyer at the latter's request, risk and expense, every assistance in obtaining any documents or equivalent electronic messages issued or transmitted in the country of delivery and/or of origin which the buyer may require for the exportation and/or importation of the goods and, where necessary, for their transit through another country.

Provide the buyer, upon request, with the necessary information for procuring insurance.

B 10   Other obligations

Pay all costs and charges incurred in obtaining the documents or equivalent electronic messages mentioned in A.10. and reimburse those incurred by the seller in rendering his assistance in accordance therewith.

FCA

FREE CARRIER

(... named place)

«Free Carrier» means that the seller fulfils his obligation to deliver when he has handed over the goods, cleared for export, into the charge of the carrier named by the buyer at the named place or point. If no precise point is indicated by the buyer, the seller may choose within the place or range stipulated where the carrier shall take the goods into his charge. When, according to commercial practice, the seller's assistance is required in making the contract with the carrier (such as in rail or air transport) the seller may act at the buyer's risk and expense.

This term may be used for any mode of transport, including multimodal transport.

«Carrier» means any person who, in a contract of carriage, undertakes to perform or to procure the performance of ▶

A▶ THE SELLER MUST

A 1 Provision of goods in conformity with the contract

Provide the goods and the commercial invoice, or its equivalent electronic message, in conformity with the contract of sale and any other evidence of conformity which may be required by the contract.

A 2 Licences, authorisations and formalities

Obtain at his own risk and expense any export licence or other official authorisation and carry out all customs formalities necessary for the exportation of the goods.

A 3 Contract of carriage and insurance

a) Contract of carriage
No obligation. However, if requested by the buyer or if it is commercial practice and the buyer does not give an instruction to the contrary in due time, the seller may contract for carriage on usual terms at the buyer's risk and expense. The seller may decline to make the contract and, if he does, shall promptly notify the buyer accordingly.

b) Contract of insurance
No obligation.

FREE CARRIER

(... named place)

▶ carriage by rail, road, sea, air, inland waterway or by a combination of such modes. If the buyer instructs the seller to deliver the cargo to a person, e.g. a freight forwarder who is not a «carrier», the seller is deemed to have fulfilled his obligation to deliver the goods when they are in the custody of that person.

«Transport terminal» means a railway terminal, a freight station, a container terminal or yard, a multi-purpose cargo terminal or any similar receiving point.

«Container» includes any equipment used to unitise cargo, e.g. all types of containers and/or flats, whether ISO accepted or not, trailers, swap bodies, ro-ro equipment, igloos, and applies to all modes of transport.

B ▶ THE BUYER MUST

B 1   Payment of the price

Pay the price as provided in the contract of sale.

B 2   Licences, authorisations and formalities

Obtain at his own risk and expense any import licence or other official authorisation and carry out all customs formalities for the importation of the goods and, where necessary, for their transit through another country.

B 3   Contract of carriage

Contract at his own expense for the carriage of the goods from the named place, except as provided for in A.3.a).

FCA

FREE CARRIER

A 4   Delivery

Deliver the goods into the custody of the carrier or another person (e.g. a freight forwarder) named by the buyer, or chosen by the seller in accordance with A.3.a), at the named place or point (e.g. transport terminal or other receiving point) on the date or within the period agreed for delivery and in the manner agreed or customary at such point. If no specific point has been agreed, and if there are several points available, the seller may select the point at the place of delivery which best suits his purpose. Failing precise instructions from the buyer, the seller may deliver the goods to the carrier in such a manner as the transport mode of that carrier and the quantity and/or nature of the goods may require.

Delivery to the carrier is completed :

I) In the case of rail transport when the goods constitute a wagon load (or a container load carried by rail) the seller has to load the wagon or container in the appropriate manner. Delivery is completed when the loaded wagon or container is taken over by the railway or by another person acting on its behalf.

When the goods do not constitute a wagon or container load, delivery is completed when the seller has handed over the goods at the railway receiving point or loaded them into a vehicle provided by the railway.

II) In the case of road transport when loading takes place at the seller's premises, delivery is completed when the goods have been loaded on the vehicle provided by the buyer.

When the goods are delivered to the carrier's premises, delivery is completed when they have been handed over to the road carrier or to another person acting on his behalf.

III) In the case of transport by inland waterway when loading takes place at the seller's premises, delivery is completed when the goods have been loaded on the carrying vessel provided by the buyer.

When the goods are delivered to the carrier's premises, delivery is completed when they have been handed over to the inland waterway carrier or to another person acting on his behalf.

IV) In the case of sea transport when the goods constitute a full container load (FCL), delivery is completed when the loaded container is taken over by the sea carrier. When the container has been carried to an operator of a transport terminal acting on behalf of the carrier, the goods shall be deemed to have been taken over when the container has entered into the premises of that terminal.

When the goods are less than a container load (LCL), or are not to be containerised, the seller has to carry them to the

B 4   Taking delivery

Take delivery of the goods in accordance with A.4.

transport terminal. Delivery is completed when the goods have been handed over to the sea carrier or to another person acting on his behalf.

v) In the case of <u>air transport</u>, delivery is completed when the goods have been handed over to the air carrier or to another person acting on his behalf.

vi) In the case of <u>unnamed transport</u>, delivery is completed when the goods have been handed over to the carrier or to another person acting on his behalf.

vii) In the case of <u>multimodal transport</u>, delivery is completed when the goods have been handed over as specified in I) - VI), as the case may be.

A 5   Transfer of risks

Subject to the provisions of B.5., bear all risks of loss of or damage to the goods until such time as they have been delivered in accordance with A.4.

A 6   Division of costs

Subject to the provisions of B.6.
- pay all costs relating to the goods until such time as they have been delivered to the carrier in accordance with A.4. ;
- pay the costs of customs formalities as well as all duties, taxes, and other official charges payable upon exportation.

A 7   Notice to the buyer

Give the buyer sufficient notice that the goods have been delivered into the custody of the carrier. Should the carrier fail to take the goods into his charge at the time agreed, the seller must notify the buyer accordingly.

B 5   Transfer of risks

Bear all risks of loss of or damage to the goods from the time they have been delivered in accordance with A.4.

Should he fail to give notice in accordance with B.7., or should the carrier named by him fail to take the goods into his charge, bear all risks of loss of or damage to the goods from the agreed date or the expiry date of any period stipulated for delivery provided, however, that the goods have been duly appropriated to the contract, that is to say, clearly set aside or otherwise identified as the contract goods.

B 6   Division of costs

Pay all costs relating to the goods from the time when they have been delivered in accordance with A.4.

Pay any additional costs incurred, either because he fails to name the carrier, or the carrier named by him fails to take the goods into his charge at the agreed time, or because he has failed to give appropriate notice in accordance with B.7. provided, however, that the goods have been duly appropriated to the contract, that is to say, clearly set aside or otherwise identified as the contract goods.

Pay all duties, taxes and other official charges as well as the costs of carrying out customs formalities payable upon importation of the goods and, where necessary, for their transit through another country.

B 7   Notice to the seller

Give the seller sufficient notice of the name of the carrier and, where necessary, specify the mode of transport, as well as the date or period for delivering the goods to him and, as the case may be, the point within the place where the goods should be delivered to the carrier.

FCA

FREE CARRIER

A 8   Proof of delivery, transport document or equivalent electronic message

Provide the buyer at the seller's expense, if customary, with the usual document in proof of delivery of the goods in accordance with A.4.

Unless the document referred to in the preceding paragraph is the transport document, render the buyer at the latter's request, risk and expense, every assistance in obtaining a transport document for the contract of carriage (for example, a negotiable bill of lading, a non-negotiable sea waybill, an inland waterway document, an air waybill, a railway consignment note, a road consignment note, or a multimodal transport document).

When the seller and the buyer have agreed to communicate electronically, the document referred to in the preceding paragraph may be replaced by an equivalent electronic data interchange (EDI) message.

A 9   Checking - packaging - marking

Pay the costs of those checking operations (such as checking quality, measuring, weighing, counting) which are necessary for the purpose of delivering the goods to the carrier.

Provide at his own expense packaging (unless it is usual for the particular trade to send the goods of the contract description unpacked) which is required for the transport of the goods, to the extent that the circumstances relating to the transport (e.g. modalities, destination) are made known to the seller before the contract of sale is concluded. Packaging is to be marked appropriately.

A 10   Other obligations

Render the buyer at the latter's request, risk and expense, every assistance in obtaining any documents or equivalent electronic messages (other than those mentioned in A.8.) issued or transmitted in the country of delivery and/or of origin which the buyer may require for the importation of the goods and, where necessary, for their transit through another country.

Provide the buyer, upon request, with the necessary information for procuring insurance.

B 8 Proof of delivery, transport document or equivalent electronic message

Accept the proof of delivery in accordance with A.8.

B 9 Inspection of goods

Pay, unless otherwise agreed, the costs of pre-shipment inspection except when mandated by the authorities of the country of exportation.

B 10 Other obligations

Pay all costs and charges incurred in obtaining the documents or equivalent electronic messages mentioned in A.10. and reimburse those incurred by the seller in rendering his assistance in accordance therewith and in contracting for carriage in accordance with A.3.a).

Give the seller appropriate instructions whenever the seller's assistance in contracting for carriage is required in accordance with A.3.a).

FREE ALONGSIDE SHIP
(... named port of shipment)

«Free Alongside Ship» means that the seller fulfils his obligation to deliver when the goods have been placed alongside the vessel on the quay or in lighters at the named port of shipment. This means that the buyer has to bear all costs and risks of loss of or damage to the goods from that moment.

A THE SELLER MUST

A 1 Provision of goods in conformity with the contract

Provide the goods and the commercial invoice, or its equivalent electronic message, in conformity with the contract of sale and any other evidence of conformity which may be required by the contract.

A 2 Licences, authorisations and formalities

Render the buyer, at the latter's request, risk and expense, every assistance in obtaining any export licence or other official authorisation necessary for the exportation of the goods.

A 3 Contract of carriage and insurance

a) Contract of carriage
No obligation.
b) Contract of insurance
No obligation.

A 4 Delivery

Deliver the goods alongside the named vessel at the loading place named by the buyer at the named port of shipment on the date or within the period stipulated and in the manner customary at the port.

A 5 Transfer of risks

Subject to the provisions of B.5., bear all risks of loss of or damage to the goods until such time as they have been delivered in accordance with A.4.

FAS

FREE ALONGSIDE SHIP
(... named port of shipment)

▶ The FAS term requires the buyer to clear the goods for export. It should not be used when the buyer cannot carry out directly or indirectly the export formalities.
This term can only be used for sea or inland waterway transport.

B▶ THE BUYER MUST

B 1   Payment of the price
Pay the price as provided in the contract of sale.

B 2   Licences, authorisations and formalities
Obtain at his own risk and expense any export and import licence or other official authorisation and carry out all customs formalities for the exportation and importation of the goods and, where necessary, for their transit through another country.

B 3   Contract of carriage
Contract at his own expense for the carriage of the goods from the named port of shipment.

B 4   Taking delivery
Take delivery of the goods in accordance with A.4.

B 5   Transfer of risks
Bear all risks of loss of or damage to the goods from the time they have been delivered in accordance with A.4.
Should he fail to fulfil his obligations in accordance with B.2., bear all additional risks of loss of or damage to the goods

A 6   Division of costs

Subject to the provisions of B.6., pay all costs relating to the goods until such time as they have been delivered in accordance with A.4.

A 7   Notice to the buyer

Give the buyer sufficient notice that the goods have been delivered alongside the named vessel.

A 8   Proof of delivery, transport document or equivalent electronic message

Provide the buyer at the seller's expense with the usual document in proof of delivery of the goods in accordance with A.4.

Unless the document referred to in the preceding paragraph is the transport document, render the buyer at the latter's request, risk and expense, every assistance in obtaining a transport document (for example, a negotiable bill of lading, a non-negotiable sea waybill, an inland waterway document).

When the seller and the buyer have agreed to communicate electronically, the document referred to in the preceding paragraphs may be replaced by an equivalent electronic data interchange (EDI) message.

incurred thereby and should he fail to give notice in accordance with B.7., or should the vessel named by him fail to arrive on time, or be unable to take the goods, or close for cargo earlier than the stipulated time, bear all risks of loss of or damage to the goods from the agreed date or the expiry date of the period stipulated for delivery provided, however, that the goods have been duly appropriated to the contract, that is to say, clearly set aside or otherwise identified as the contract goods.

B 6　Division of costs

Pay all costs relating to the goods from the time they have been delivered in accordance with A.4.

Pay any additional costs incurred, either because the vessel named by him has failed to arrive on time, or will be unable to take the goods, or will close for cargo earlier than the stipulated time, or because the buyer has failed to fulfil his obligations in accordance with B.2., or to give appropriate notice in accordance with B.7. provided, however, that the goods have been duly appropriated to the contract, that is to say, clearly set aside or otherwise identified as the contract goods.

Pay all duties, taxes and other official charges as well as the costs of carrying out customs formalities payable upon exportation and importation of the goods and, where necessary, for their transit through another country.

Pay all costs and charges incurred by the seller in rendering assistance in accordance with A.2.

B 7　Notice to the seller

Give the seller sufficient notice of the vessel name, loading place and required delivery time.

B 8　Proof of delivery, transport document or equivalent electronic message

Accept the proof of delivery in accordance with A.8.

FREE ALONGSIDE SHIP

A 9   Checking - packaging - marking

Pay the costs of those checking operations (such as checking quality, measuring, weighing, counting) which are necessary for the purpose of placing the goods at the disposal of the buyer.

Provide at his own expense packaging (unless it is usual for the particular trade to ship the goods of the contract description unpacked) which is required for the transport of the goods, to the extent that the circumstances relating to the transport (e.g. modalities, destination) are made known to the seller before the contract of sale is concluded. Packaging is to be marked appropriately.

A 10   Other obligations

Render the buyer at the latter's request, risk and expense, every assistance in obtaining any documents or equivalent electronic messages (other than those mentioned in A.8.) issued or transmitted in the country of shipment and/or of origin which the buyer may require for the exportation and/or importation of the goods and, where necessary, for their transit through another country.

Provide the buyer, upon request, with the necessary information for procuring insurance.

B 9   Inspection of goods

Pay, unless otherwise agreed, the costs of pre-shipment inspection (including inspection mandated by the authorities of the country of exportation).

B 10   Other obligations

Pay all costs and charges incurred in obtaining the documents or equivalent electronic messages mentioned in A.10. and reimburse those incurred by the seller in rendering his assistance in accordance therewith.

FREE ON BOARD
(... named port of shipment)

«Free on Board» means that the seller fulfils his obligation to deliver when the goods have passed over the ship's rail at the named port of shipment. This means that the buyer has to bear all costs and risks of loss of or damage to the goods from that point. ▶

 THE SELLER MUST

A 1 Provision of goods in conformity with the contract

Provide the goods and the commercial invoice, or its equivalent electronic message, in conformity with the contract of sale and any other evidence of conformity which may be required by the contract.

A 2 Licences, authorisations and formalities

Obtain at his own risk and expense any export licence or other official authorisation and carry out all customs formalities necessary for the exportation of the goods.

A 3 Contract of carriage and insurance

a) Contract of carriage
No obligation.
b) Contract of insurance
No obligation.

A 4 Delivery

Deliver the goods on board the vessel named by the buyer at the named port of shipment on the date or within the period stipulated and in the manner customary at the port.

A 5 Transfer of risks

Subject to the provisions of B.5., bear all risks of loss of or damage to the goods until such time as they have passed the ship's rail at the named port of shipment.

FREE ON BOARD
(... named port of shipment)

▶ The FOB term requires the seller to clear the goods for export.
This term can only be used for sea or inland waterway transport. When the ship's rail serves no practical purpose, such as in the case of roll-on/roll-off or container traffic, the FCA term is more appropriate to use.

B THE BUYER MUST

B 1 Payment of the price

Pay the price as provided in the contract of sale.

B 2 Licences, authorisations and formalities

Obtain at his own risk and expense any import licence or other official authorisation and carry out all customs formalities for the importation of the goods and, where necessary, for their transit through another country.

B 3 Contract of carriage

Contract at his own expense for the carriage of the goods from the named port of shipment.

B 4 Taking delivery

Take delivery of the goods in accordance with A.4.

B 5 Transfer of risks

Bear all risks of loss of or damage to the goods from the time they have passed the ship's rail at the named port of shipment.
Should he fail to give notice in accordance with B.7., or should the vessel named by him fail to arrive on time, or be unable to take the goods, or close for cargo earlier than the stipulated time, bear all risks of loss of or damage to the goods from the

FREE ON BOARD

A 6   Division of costs

Subject to the provisions of B.6.
- pay all costs relating to the goods until such time as they have passed the ship's rail at the named port of shipment;
- pay the costs of customs formalities necessary for exportation as well as all duties, taxes and other official charges payable upon exportation.

A 7   Notice to the buyer

Give the buyer sufficient notice that the goods have been delivered on board.

A 8   Proof of delivery, transport document or equivalent electronic message

Provide the buyer at the seller's expense with the usual document in proof of delivery in accordance with A.4.

Unless the document referred to in the preceding paragraph is the transport document, render the buyer, at the latter's request, risk and expense, every assistance in obtaining a transport document for the contract of carriage (for example, a negotiable bill of lading, a non-negotiable sea waybill, an inland waterway document, or a multimodal transport document).

Where the seller and the buyer have agreed to communicate electronically, the document referred to in the preceding paragraph may be replaced by an equivalent electronic data interchange (EDI) message.

agreed date or the expiry date of the period stipulated for delivery provided, however, that the goods have been duly appropriated to the contract, that is to say, clearly set aside or otherwise identified as the contract goods.

B 6   Division of costs

Pay all costs relating to the goods from the time they have passed the ship's rail at the named port of shipment.

Pay any additional costs incurred, either because the vessel named by him has failed to arrive on time, or is unable to take the goods, or will close for cargo earlier than the stipulated date, or because the buyer has failed to give appropriate notice in accordance with B.7. provided, however, that the goods have been duly appropriated to the contract, that is to say, clearly set aside or otherwise identified as the contract goods.

Pay all duties, taxes and other official charges as well as the costs of carrying out customs formalities payable upon importation of the goods and, where necessary, for their transit through another country.

B 7   Notice to the seller

Give the seller sufficient notice of the vessel name, loading point and required delivery time.

B 8   Proof of delivery, transport document or equivalent electronic message

Accept the proof of delivery in accordance with A.8.

FREE ON BOARD

A 9 Checking - packaging - marking

Pay the costs of those checking operations (such as checking quality, measuring, weighing, counting) which are necessary for the purpose of delivering the goods in accordance with A.4.

Provide at his own expense packaging (unless it is usual for the particular trade to ship the goods of the contract description unpacked) which is required for the transport of the goods, to the extent that the circumstances relating to the transport (e.g. modalities, destination) are made known to the seller before the contract of sale is concluded. Packaging is to be marked appropriately.

A 10 Other obligations

Render the buyer at the latter's request, risk and expense, every assistance in obtaining any documents or equivalent electronic messages (other than those mentioned in A.8.) issued or transmitted in the country of shipment and/or of origin which the buyer may require for the importation of the goods and, where necessary, for their transit through another country.

Provide the buyer, upon request, with the necessary information for procuring insurance.

B 9   Inspection of goods

Pay, unless otherwise agreed, the costs of pre-shipment inspection except when mandated by the authorities of the country of export.

B 10   Other obligations

Pay all costs and charges incurred in obtaining the documents or equivalent electronic messages mentioned in A.10. and reimburse those incurred by the seller in rendering his assistance in accordance therewith.

CFR

COST AND FREIGHT
(... named port of destination)

«Cost and Freight» means that the seller must pay the costs and freight necessary to bring the goods to the named port of destination but the risk of loss of or damage to the goods, as well as any additional costs due to events occurring after the time the goods have been delivered on board the vessel, is transferred from the seller to the buyer when the goods pass the ship's rail in the port of shipment. ▶

 THE SELLER MUST

A 1   Provision of goods in conformity with the contract

Provide the goods and the commercial invoice, or its equivalent electronic message, in conformity with the contract of sale and any other evidence of conformity which may be required by the contract.

A 2   Licences, authorisations and formalities

Obtain at his own risk and expense any export licence or other official authorisation and carry out all customs formalities necessary for the exportation of the goods.

A 3   Contract of carriage and insurance

a) Contract of carriage
Contract on usual terms at his own expense for the carriage of the goods to the named port of destination by the usual route in a seagoing vessel (or inland waterway vessel as appropriate) of the type normally used for the transport of goods of the contract description.
b) Contract of insurance
No obligation.

A 4   Delivery

Deliver the goods on board the vessel at the port of shipment on the date or within the period stipulated.

COST AND FREIGHT

(... named port of destination)

▶The CFR term requires the seller to clear the goods for export.
This term can only be used for sea and inland waterway transport. When the ship's rail serves no practical purpose, such as in the case of roll-on/roll-off or container traffic, the CPT term is more appropriate to use.

B▶ THE BUYER MUST

B 1   Payment of the price

Pay the price as provided in the contract of sale.

B 2   Licences, authorisations and formalities

Obtain at his own risk and expense any import licence or other official authorisation and carry out all customs formalities for the importation of the goods and, where necessary, for their transit through another country.

B 3   Contract of carriage

No obligation.

B 4   Taking delivery

Accept delivery of the goods when they have been delivered in accordance with A.4. and receive them from the carrier at the named port of destination.

COST AND FREIGHT

A 5   Transfer of risks

Subject to the provisions of B.5., bear all risks of loss of or damage to the goods until such time as they have passed the ship's rail at the port of shipment.

A 6   Division of costs

Subject to the provisions of B.6.

- pay all costs relating to the goods until they have been delivered in accordance with A.4. as well as the freight and all other costs resulting from A.3.a), including costs of loading the goods on board and any charges for unloading at the port of discharge which may be levied by regular shipping lines when contracting for carriage ;
- pay the costs of customs formalities necessary for exportation as well as all duties, taxes and other official charges payable upon exportation.

A 7   Notice to the buyer

Give the buyer sufficient notice that the goods have been delivered on board the vessel as well as any other notice required in order to allow the buyer to take measures which are normally necessary to enable him to take the goods.

A 8   Proof of delivery, transport document or equivalent electronic message

Unless otherwise agreed, at his own expense provide the buyer without delay with the usual transport document for the agreed port of destination.

This document (for example, a negotiable bill of lading, a non-negotiable sea waybill or an inland waterway document) must cover the contract goods, be dated within the period agreed for shipment, enable the buyer to claim the goods from the carrier at destination and, unless otherwise agreed, enable the buyer to sell the goods in transit by the transfer of the document

B 5   Transfer of risks

Bear all risks of loss of or damage to the goods from the time they have passed the ship's rail at the port of shipment.

Should he fail to give notice in accordance with B.7., bear all risks of loss of or damage to the goods from the agreed date or the expiry date of the period fixed for shipment provided, however, that the goods have been duly appropriated to the contract, that is to say, clearly set aside or otherwise identified as the contract goods.

B 6   Division of costs

Subject to the provisions of A.3., pay all costs relating to the goods from the time they have been delivered in accordance with A.4. and, unless such costs and charges have been levied by regular shipping lines when contracting for carriage, pay all costs and charges relating to the goods whilst in transit until their arrival at the port of destination, as well as unloading costs including lighterage and wharfage charges.

Should he fail to give notice in accordance with B.7., pay the additional costs thereby incurred for the goods from the agreed date or the expiry date of the period fixed for shipment provided, however, that the goods have been duly appropriated to the contract, that is to say, clearly set aside or otherwise identified as the contract goods.

Pay all duties, taxes and other official charges as well as the costs of carrying out customs formalities payable upon importation of the goods and, where necessary, for their transit through another country.

B 7   Notice to the seller

Whenever he is entitled to determine the time for shipping the goods and/or the port of destination, give the seller sufficient notice thereof.

B 8   Proof of delivery, transport document or equivalent electronic message

Accept the transport document in accordance with A.8. if it is in conformity with the contract.

to a subsequent buyer (the negotiable bill of lading) or by notification to the carrier.

When such a transport document is issued in several originals, a full set of originals must be presented to the buyer. If the transport document contains a reference to a charter party, the seller must also provide a copy of this latter document.

Where the seller and the buyer have agreed to communicate electronically, the document referred to in the preceding paragraphs may be replaced by an equivalent electronic data interchange (EDI) message.

A 9 Checking - packaging - marking

Pay the costs of those checking operations (such as checking quality, measuring, weighing, counting) which are necessary for the purpose of delivering the goods in accordance with A.4.

Provide at his own expense packaging (unless it is usual for the particular trade to ship the goods of the contract description unpacked) which is required for the transport of the goods arranged by him. Packaging is to be marked appropriately.

A 10 Other obligations

Render the buyer at the latter's request, risk and expense, every assistance in obtaining any documents or equivalent electronic messages (other than those mentioned in A.8.) issued or transmitted in the country of shipment and/or of origin which the buyer may require for the importation of the goods and, where necessary, for their transit through another country.

Provide the buyer, upon request, with the necessary information for procuring insurance.

COST AND FREIGHT

B 9   Inspection of goods

Pay, unless otherwise agreed, the costs of pre-shipment inspection except when mandated by the authorities of the country of exportation.

B 10   Other obligations

Pay all costs and charges incurred in obtaining the documents or equivalent electronic messages mentioned in A.10. and reimburse those incurred by the seller in rendering his assistance in accordance therewith.

COST, INSURANCE AND FREIGHT
(... named port of destination)

«Cost, Insurance and Freight» means that the seller has the same obligations as under CFR but with the addition that he has to procure marine insurance against the buyer's risk of loss of or damage to the goods during the carriage. The seller contracts for insurance and pays the insurance premium.

The buyer should note that under the CIF term the seller is ▶

 THE SELLER MUST

A 1   Provision of goods in conformity with the contract

Provide the goods and the commercial invoice, or its equivalent electronic message, in conformity with the contract of sale and any other evidence of conformity which may be required by the contract.

A 2   Licences, authorisations and formalities

Obtain at his own risk and expense any export licence or other official authorisation and carry out all customs formalities necessary for the exportation of the goods.

A 3   Contract of carriage and insurance

a) Contract of carriage
Contract on usual terms at his own expense for the carriage of the goods to the named port of destination by the usual route in a seagoing vessel (or inland waterway vessel as appropriate) of the type normally used for the transport of goods of the contract description.

b) Contract of insurance
Obtain at his own expense cargo insurance as agreed in the contract, that the buyer, or any other person having an insurable interest in the goods, shall be entitled to claim directly from the insurer and provide the buyer with the insurance policy or other evidence of insurance cover.

The insurance shall be contracted with underwriters or an insurance company of good repute and, failing express agreement to the contrary, be in accordance with minimum cover of the Institute Cargo Clauses (Institute of London Underwriters) or any similar set of clauses. The duration of

COST, INSURANCE AND FREIGHT

(... named port of destination)

▶ only required to obtain insurance on minimum coverage.
The CIF term requires the seller to clear the goods for export.
This term can only be used for sea and inland waterway transport. When the ship's rail serves no practical purposes such as in the case of roll-on/roll-off or container traffic, the CIP term is more appropriate to use.

B▶ THE BUYER MUST

B 1   Payment of the price

Pay the price as provided in the contract of sale.

B 2   Licences, authorisations and formalities

Obtain at his own risk and expense any import licence or other official authorisation and carry out all customs formalities for the importation of the goods and, where necessary, for their transit through another country.

B 3   Contract of carriage

No obligation.

COST, INSURANCE AND FREIGHT

insurance cover shall be in accordance with B.5. and B.4. When required by the buyer, the seller shall provide at the buyer's expense war, strikes, riots and civil commotion risk insurances if procurable. The minimum insurance shall cover the price provided in the contract plus ten per cent (i.e. 110%) and shall be provided in the currency of the contract.

A 4   Delivery

Deliver the goods on board the vessel at the port of shipment on the date or within the period stipulated.

A 5   Transfer of risks

Subject to the provisions of B.5., bear all risks of loss of or damage to the goods until such time as they have passed the ship's rail at the port of shipment.

A 6   Division of costs

Subject to the provisions of B.6.

- pay all costs relating to the goods until they have been delivered in accordance with A.4. as well as the freight and all other costs resulting from A.3., including costs of loading the goods on board and any charges for unloading at the port of discharge which may be levied by regular shipping lines when contracting for carriage;
- pay the costs of customs formalities necessary for exportation as well as all duties, taxes and other official charges payable upon exportation.

COST, INSURANCE AND FREIGHT

B 4   Taking delivery

Accept delivery of the goods when they have been delivered in accordance with A.4. and receive them from the carrier at the named port of destination.

B 5   Transfer of risks

Bear all risks of loss of or damage to the goods from the time they have passed the ship's rail at the port of shipment.

Should he fail to give notice in accordance with B.7., bear all risks of loss of or damage to the goods from the agreed date or the expiry date of the period fixed for shipment provided, however, that the goods have been duly appropriated to the contract, that is to say, clearly set aside or otherwise identified as the contract goods.

B 6   Division of costs

Subject to the provisions of A.3., pay all costs relating to the goods from the time they have been delivered in accordance with A.4. and, unless such costs and charges have been levied by regular shipping lines when contracting for carriage, pay all costs and charges relating to the goods whilst in transit until their arrival at the port of destination, as well as unloading costs including lighterage and wharfage charges.

Should he fail to give notice in accordance with B.7., pay the additional costs thereby incurred for the goods from the agreed date or the expiry date of the period fixed for shipment provided, however, that the goods have been duly appropriated to the contract, that is to say, clearly set aside or otherwise identified as the contract goods.

Pay all duties, taxes and other official charges as well as the costs of carrying out customs formalities payable upon importation of the goods and, where necessary, for their transit through another country.

CIF

COST, INSURANCE AND FREIGHT

A 7   Notice to the buyer

Give the buyer sufficient notice that the goods have been delivered on board the vessel as well as any other notice required in order to allow the buyer to take measures which are normally necessary to enable him to take the goods.

A 8   Proof of delivery, transport document or equivalent electronic message

Unless otherwise agreed, at his own expense provide the buyer without delay with the usual transport document for the agreed port of destination.

This document (for example, a negotiable bill of lading, a non-negotiable sea waybill or an inland waterway document) must cover the contract goods, be dated within the period agreed for shipment, enable the buyer to claim the goods from the carrier at destination and, unless otherwise agreed, enable the buyer to sell the goods in transit by the transfer of the document to a subsequent buyer (the negotiable bill of lading) or by notification to the carrier.

When such a transport document is issued in several originals, a full set of originals must be presented to the buyer. If the transport document contains a reference to a charter party, the seller must also provide a copy of this latter document.

Where the seller and the buyer have agreed to communicate electronically, the document referred to in the preceding paragraphs may be replaced by an equivalent electronic data interchange (EDI) message.

A 9   Checking - packaging - marking

Pay the costs of those checking operations (such as checking quality, measuring, weighing, counting) which are necessary for the purpose of delivering the goods in accordance with A.4.

Provide at his own expense packaging (unless it is usual for the particular trade to ship the goods of the contract description unpacked) which is required for the transport of the goods arranged by him. Packaging is to be marked appropriately.

A 10   Other obligations

Render the buyer at the latter's request, risk and expense, every assistance in obtaining any documents or equivalent electronic messages (other than those mentioned in A.8.) issued or transmitted in the country of shipment and/or of origin which the buyer may require for the importation of the goods and, where necessary, for their transit through another country.

COST, INSURANCE AND FREIGHT

B 7 Notice to the seller

Whenever he is entitled to determine the time for shipping the goods and/or the port of destination, give the seller sufficient notice thereof.

B 8 Proof of delivery, transport document or equivalent electronic message

Accept the transport document in accordance with A.8. if it is in conformity with the contract.

B 9 Inspection of goods

Pay, unless otherwise agreed, the costs of pre-shipment inspection except when mandated by the authorities of the country of exportation.

B 10 Other obligations

Pay all costs and charges incurred in obtaining the documents or equivalent electronic messages mentioned in A.10. and reimburse those incurred by the seller in rendering his assistance in accordance therewith.

Provide the seller, upon request, with the necessary information for procuring insurance.

CPT

CARRIAGE PAID TO
(... named place of destination)

«Carriage paid to...» means that the seller pays the freight for the carriage of the goods to the named destination. The risk of loss of or damage to the goods, as well as any additional costs due to events occurring after the time the goods have been delivered to the carrier, is transferred from the seller to the buyer when the goods have been delivered into the custody of the carrier.

«Carrier» means any person who, in a contract of carriage, undertakes to perform or to procure the performance of ▶

 THE SELLER MUST

A 1 Provision of goods in conformity with the contract

Provide the goods and the commercial invoice, or its equivalent electronic message, in conformity with the contract of sale and any other evidence of conformity which may be required by the contract.

A 2 Licences, authorisations and formalities

Obtain at his own risk and expense any export licence or other official authorisation and carry out all customs formalities necessary for the exportation of the goods.

A 3 Contract of carriage and insurance

a) Contract of carriage
Contract on usual terms at his own expense for the carriage of the goods to the agreed point at the named place of destination by a usual route and in a customary manner. If a point is not agreed or is not determined by practice, the seller may select the point at the named place of destination which best suits his purpose.

b) Contract of insurance
No obligation.

A 4 Delivery

Deliver the goods into the custody of the carrier or, if there are subsequent carriers, to the first carrier, for transportation to the named place of destination on the date or within the period stipulated.

CARRIAGE PAID TO

(... named place of destination)

▶ carriage, by rail, road, sea, air, inland waterway or by a combination of such modes.

If subsequent carriers are used for the carriage to the agreed destination, the risk passes when the goods have been delivered to the first carrier.

The CPT term requires the seller to clear the goods for export.

This term may be used for any mode of transport including multimodal transport.

 **THE BUYER MUST**

B 1   Payment of the price

Pay the price as provided in the contract of sale.

B 2   Licences, authorisations and formalities

Obtain at his own risk and expense any import licence or other official authorisation and carry out all customs formalities for the importation of the goods and, where necessary, for their transit through another country.

B 3   Contract of carriage

No obligation.

B 4   Taking delivery

Accept delivery of the goods when they have been delivered in accordance with A.4. and receive them from the carrier at the named place of destination.

CARRIAGE PAID TO

A 5   Transfer of risks

Subject to the provisions of B.5., bear all risks of loss of or damage to the goods until such time as they have been delivered in accordance with A.4.

A 6   Division of costs

Subject to the provisions of B.6.
- pay all costs relating to the goods until they have been delivered in accordance with A.4. as well as the freight and all other costs resulting from A.3.a), including costs of loading the goods and any charges for unloading at the place of destination which may be included in the freight or incurred by the seller when contracting for carriage;
- pay the costs of customs formalities necessary for exportation as well as all duties, taxes or other official charges payable upon exportation.

A 7   Notice to the buyer

Give the buyer sufficient notice that the goods have been delivered in accordance with A.4. as well as any other notice required in order to allow the buyer to take measures which are normally necessary to enable him to take the goods.

A 8   Proof of delivery, transport document or equivalent electronic message

Provide the buyer at the seller's expense, if customary, with the usual transport document (for example a negotiable bill of lading, a non-negotiable sea waybill, an inland waterway document, an air waybill, a railway consignment note, a road consignment note, or a multimodal transport document).

Where the seller and the buyer have agreed to communicate electronically, the document referred to in the preceding paragraph may be replaced by an equivalent electronic data interchange (EDI) message.

B 5   Transfer of risks

Bear all risks of loss of or damage to the goods from the time they have been delivered in accordance with A.4.

Should he fail to give notice in accordance with B.7., bear all risks of the goods from the agreed date or the expiry date of the period fixed for delivery provided, however, that the goods have been duly appropriated to the contract, that is to say, clearly set aside or otherwise identified as the contract goods.

B 6   Division of costs

Subject to the provisions of A.3.a), pay all costs relating to the goods from the time they have been delivered in accordance with A.4. and, unless such costs and charges have been included in the freight or incurred by the seller when contracting for carriage in accordance with A.3.a), pay all costs and charges relating to the goods whilst in transit until their arrival at the agreed place of destination, as well as unloading costs.

Should he fail to give notice in accordance with B.7., pay the additional costs thereby incurred for the goods from the agreed date or the expiry date of the period fixed for dispatch provided, however, that the goods have been duly appropriated to the contract, that is to say, clearly set aside or otherwise identified as the contract goods.

Pay all duties, taxes and other official charges as well as the costs of carrying out customs formalities payable upon importation of the goods and, where necessary, for their transit through another country.

B 7   Notice to the seller

Whenever he is entitled to determine the time for dispatching the goods and/or the destination, give the seller sufficient notice thereof.

B 8   Proof of delivery, transport document or equivalent electronic message

Accept the transport document in accordance with A.8. if it is in conformity with the contract.

CPT

CARRIAGE PAID TO

A 9   Checking - packaging - marking

Pay the costs of those checking operations (such as checking quality, measuring, weighing, counting) which are necessary for the purpose of delivering the goods in accordance with A.4.

Provide at his own expense packaging (unless it is usual for the particular trade to send the goods of the contract description unpacked) which is required for the transport of the goods arranged by him. Packaging is to be marked appropriately.

A 10   Other obligations

Render the buyer at the latter's request, risk and expense, every assistance in obtaining any documents or equivalent electronic messages (other than those mentioned in A.8.) issued or transmitted in the country of dispatch and/or of origin which the buyer may require for the importation of the goods and, where necessary, for their transit through another country.

Provide the buyer, upon request, with the necessary information for procuring insurance.

B 9   Inspection of goods

Pay, unless otherwise agreed, the costs of pre-shipment inspection except when mandated by the authorities of the country of exportation.

B 10   Other obligations

Pay all costs and charges incurred in obtaining the documents or equivalent electronic messages mentioned in A.10. and reimburse those incurred by the seller in rendering his assistance in accordance therewith.

CIP

CARRIAGE AND INSURANCE PAID TO
(... named place of destination)

« Carriage and insurance paid to... » means that the seller has the same obligations as under CPT but with the addition that the seller has to procure cargo insurance against the buyer's risk of loss of or damage to the goods during the carriage. The seller contracts for insurance and pays the insurance premium. ▶

A ▶ THE SELLER MUST

A 1 Provision of goods in conformity with the contract

Provide the goods and the commercial invoice, or its equivalent electronic message, in conformity with the contract of sale and any other evidence of conformity which may be required by the contract.

A 2 Licences, authorisations and formalities

Obtain at his own risk and expense any export licence or other official authorisation and carry out all customs formalities necessary for the exportation of the goods.

A 3 Contract of carriage and insurance

a) Contract of carriage
Contract on usual terms at his own expense for the carriage of the goods to the agreed point at the named place of destination by a usual route and in a customary manner. If a point is not agreed or is not determined by practice, the seller may select the point at the named place of destination which best suits his purpose.

b) Contract of insurance
Obtain at his own expense cargo insurance as agreed in the contract, that the buyer, or any other person having an insurable interest in the goods, shall be entitled to claim directly from the insurer and provide the buyer with the insurance policy or other evidence of insurance cover.

The insurance shall be contracted with underwriters or an insurance company of good repute and, failing express agreement to the contrary, be in accordance with minimum cover of the Institute Cargo Clauses (Institute of London Underwriters) or any similar set of clauses. The duration of

CARRIAGE AND INSURANCE PAID TO

(... named place of destination)

▶ The buyer should note that under the CIP term the seller is only required to obtain insurance on minimum coverage. The CIP term requires the seller to clear the goods for export. This term may be used for any mode of transport including multimodal transport.

B▶ THE BUYER MUST

B 1   Payment of the price

Pay the price as provided in the contract of sale.

B 2   Licences, authorisations and formalities

Obtain at his own risk and expense any import licence or other official authorisation and carry out all customs formalities for the importation of the goods and, where necessary, for their transit through another country.

B 3   Contract of carriage

No obligation.

insurance cover shall be in accordance with B.5. and B.4. When required by the buyer, the seller shall provide at the buyer's expense war, strikes, riots and civil commotion risk insurances if procurable. The minimum insurance shall cover the price provided in the contract plus ten per cent (i.e. 110%) and shall be provided in the currency of the contract.

A 4 Delivery

Deliver the goods into the custody of the carrier or, if there are subsequent carriers, to the first carrier, for transportation to the named place of destination on the date or within the period stipulated.

A 5 Transfer of risks

Subject to the provisions of B.5., bear all risks of loss of or damage to the goods until such time as they have been delivered in accordance with A.4.

A 6 Division of costs

Subject to the provisions of B.6.
- pay all costs relating to the goods until they have been delivered in accordance with A.4. as well as the freight and all other costs resulting from A.3., including costs of loading the goods and any charges for unloading at the place of destination which may be included in the freight or incurred by the seller when contracting for carriage;
- pay the costs of customs formalities necessary for exportation as well as all duties, taxes or other official charges payable upon exportation.

CIP

CARRIAGE AND INSURANCE PAID TO

B 4 Taking delivery

Accept delivery of the goods when they have been delivered in accordance with A.4. and receive them from the carrier at the named port of destination.

B 5 Transfer of risks

Bear all risks of loss of or damage to the goods from the time they have been delivered in accordance with A.4.

Should he fail to give notice in accordance with B.7., bear all risks of the goods from the agreed date or the expiry date of the period fixed for delivery provided, however, that the goods have been duly appropriated to the contract, that is to say, clearly set aside or otherwise identified as the contract goods.

B 6 Division of costs

Subject to the provisions of A.3., pay all costs relating to the goods from the time they have been delivered in accordance with A.4. and, unless such costs and charges have been included in the freight or incurred by the seller when contracting for carriage in accordance with A.3.a), pay all costs and charges relating to the goods whilst in transit until their arrival at the agreed place of destination, as well as unloading costs.

Should he fail to give notice in accordance with B.7., pay the additional costs thereby incurred for the goods from the agreed date or the expiry date of the period fixed for dispatch provided, however, that the goods have been duly appropriated to the contract, that is to say, clearly set aside or otherwise identified as the contract goods.

Pay all duties, taxes and other official charges as well as the costs of carrying out customs formalities payable upon importation of the goods and, where necessary, for their transit through another country.

A 7   Notice to the buyer

Give the buyer sufficient notice that the goods have been delivered in accordance with A.4. as well as any other notice required in order to allow the buyer to take measures which are normally necessary to enable him to take the goods.

A 8   Proof of delivery, transport document or equivalent electronic message

Provide the buyer at the seller's expense, if customary, with the usual transport document (for example, a negotiable bill of lading, a non-negotiable sea waybill, an inland waterway document, an air waybill, a railway consignment note, a road consignment note or a multimodal transport document).

Where the seller and the buyer have agreed to communicate electronically, the document referred to in the preceding paragraph may be replaced by an equivalent electronic data interchange (EDI) message.

A 9   Checking - packaging - marking

Pay the costs of those checking operations (such as checking quality, measuring, weighing, counting) which are necessary for the purpose of delivering the goods in accordance with A.4.

Provide at his own expense packaging (unless it is usual for the particular trade to send the goods of the contract description unpacked) which is required for the transport of the goods arranged by him. Packaging is to be marked appropriately.

A 10   Other obligations

Render the buyer at the latter's request, risk and expense, every assistance in obtaining any documents or equivalent electronic messages (other than those mentioned in A.8.) issued or transmitted in the country of dispatch and/or of origin, which the buyer may require for the importation of the goods and where necessary, for their transit through another country.

CARRIAGE AND INSURANCE PAID TO

B 7 Notice to the seller

Whenever he is entitled to determine the time for dispatching the goods and/or the destination, give the seller sufficient notice thereof.

B 8 Proof of delivery, transport document or equivalent electronic message

Accept the transport document in accordance with A.8. if it is in conformity with the contract.

B 9 Inspection of goods

Pay, unless otherwise agreed, the costs of pre-shipment inspection except when mandated by the authorities of the country of exportation.

B 10 Other obligations

Pay all costs and charges incurred in obtaining the documents or equivalent electronic messages mentioned in A.10. and reimburse those incurred by the seller in rendering his assistance in accordance therewith.

Provide the seller, upon request, with the necessary information for procuring insurance.

DELIVERED AT FRONTIER

(... named place)

«Delivered at Frontier» means that the seller fulfils his obligation to deliver when the goods have been made available, cleared for export, at the named point and place at the frontier, but before the customs border of the adjoining country. The term «frontier» may be used for any frontier including that of the country of export. Therefore, it ▶

A ▶ THE SELLER MUST

A 1 Provision of goods in conformity with the contract

Provide the goods and the commercial invoice, or its equivalent electronic message, in conformity with the contract of sale and any other evidence of conformity which may be required by the contract.

A 2 Licences, authorisations and formalities

Obtain at his own risk and expense any export licence or other official authorisation or other document necessary for placing the goods at the buyer's disposal. Carry out all customs formalities for the exportation of the goods to the named place of delivery at the frontier and, where necessary, for their prior transit through another country.

A 3 Contract of carriage and insurance

a) Contract of carriage
Contract at his own expense for the carriage of the goods by a usual route and in a customary manner to the named point at the place of delivery at the frontier (including, if necessary, for their transit through another country).

If a point at the named place of delivery at the frontier is not agreed or is not determined by practice, the seller may select the point at the named place of delivery which best suits his purpose.

b) Contract of insurance
No obligation.

A 4 Delivery

Place the goods at the disposal of the buyer at the named place of delivery at the frontier on the date or within the period stipulated.

DELIVERED AT FRONTIER
(... named place)

▶ is of vital importance that the frontier in question be defined precisely by always naming the point and place in the term. The term is primarily intended to be used when goods are to be carried by rail or road, but it may be used for any mode of transport.

B▶ THE BUYER MUST

B 1 Payment of the price

Pay the price as provided in the contract of sale.

B 2 Licences, authorisations and formalities

Obtain at his own risk and expense any import licence or other official authorisation and carry out all customs formalities at the named point of delivery at the frontier or elsewhere for the importation of the goods and, where necessary, for their subsequent transport.

B 3 Contract of carriage

No obligation.

B 4 Taking delivery

Take delivery of the goods as soon as they have been placed at his disposal in accordance with A.4.

DAF

DELIVERED AT FRONTIER

A 5   Transfer of risks

Subject to the provisions of B.5., bear all risks of loss of or damage to the goods until such time as they have been delivered in accordance with A.4.

A 6   Division of costs

Subject to the provisions of B.6.

- pay all costs of the goods until they have been delivered in accordance with A.4. as well as, in addition to costs resulting from A.3.a), the expenses of discharge operations (including lighterage and handling charges), if it is necessary or customary for the goods to be discharged on their arrival at the named place of delivery at the frontier, in order to place them at the buyer's disposal;
- pay the costs of customs formalities necessary for exportation as well as all duties, taxes or other official charges payable upon exportation and, where necessary, for their transit through another country prior to delivery in accordance with A.4.

A 7   Notice to the buyer

Give the buyer sufficient notice of the dispatch of the goods to the named place at the frontier as well as any other notice required in order to allow the buyer to take measures which are normally necessary to enable him to take the goods.

A 8   Proof of delivery, transport document or equivalent electronic message

Provide the buyer at the seller's expense with the usual document or other evidence of the delivery of the goods at the named place at the frontier.

Provide the buyer at the latter's request, risk and expense, with a through document of transport normally obtained in the country of dispatch covering on usual terms the transport of the goods from the point of dispatch in that country to the place of final destination in the country of importation named by the buyer.

Where the seller and the buyer have agreed to communicate electronically, the document referred to in the preceding paragraph may be replaced by an equivalent electronic data interchange (EDI) message.

DELIVERED AT FRONTIER

B 5   Transfer of risks

Bear all risks of loss of or damage to the goods from the time they have been placed at his disposal in accordance with A.4.

Should he fail to give notice in accordance with B.7., bear all risks of loss of or damage to the goods from the agreed date or the expiry date of the period stipulated for delivery provided, however, that the goods have been duly appropriated to the contract, that is to say, clearly set aside or otherwise identified as the contract goods.

B 6   Division of costs

Pay all costs relating to the goods from the time they have been placed at his disposal in accordance with A.4.

Should he fail to take delivery of the goods when they have been placed at his disposal in accordance with A.4., or to give notice in accordance with B.7., bear all additional costs incurred thereby provided, however, that the goods have been appropriated to the contract, that is to say, clearly set aside or otherwise identified as the contract goods.

Pay all duties, taxes and other official charges as well as the costs of carrying out customs formalities payable upon importation of the goods and, where necessary, for their subsequent transport.

B 7   Notice to the seller

Whenever he is entitled to determine the time within a stipulated period and/or the place of taking delivery, give the seller sufficient notice thereof.

B 8   Proof of delivery, transport document or equivalent electronic message

Accept the transport document and/or other evidence of delivery in accordance with A.8.

DELIVERED AT FRONTIER

A 9   Checking - packaging - marking

Pay the costs of those checking operations (such as checking quality, measuring, weighing, counting) which are necessary for the purpose of delivering the goods in accordance with A.4.

Provide at his own expense packaging (unless it is usual for the particular trade to deliver the goods of the contract description unpacked) which is required for the delivery of the goods at the frontier and for the subsequent transport to the extent that the circumstances (e.g. modalities, destination) are made known to the seller before the contract of sale is concluded. Packaging is to be marked appropriately.

A 10   Other obligations

Render the buyer at the latter's request, risk and expense, every assistance in obtaining any documents or equivalent electronic messages (other than those mentioned in A.8.) issued or transmitted in the country of dispatch and/or origin which the buyer may require for the importation of the goods and, where necessary, for their transit through another country.

Provide the buyer, upon request, with the necessary information for procuring insurance.

DELIVERED AT FRONTIER

B 9   Inspection of goods

Pay, unless otherwise agreed, the costs of pre-shipment inspection except when mandated by the authorities of the country of exportation.

B 10   Other obligations

Pay all costs and charges incurred in obtaining the documents or equivalent electronic messages mentioned in A.10. and reimburse those incurred by the seller in rendering his assistance in accordance therewith.

If necessary, provide the seller at his request and the buyer's risk and expense with exchange control authorisation, permits, other documents or certified copies thereof, or with the address of the final destination of the goods in the country of importation for the purpose of obtaining the through document of transport or any other document contemplated in A.8.

DELIVERED EX SHIP

(... named port of destination)

«Delivered Ex Ship» means that the seller fulfils his obligation to deliver when the goods have been made available to the buyer on board the ship uncleared for import at the named port of destination. The seller has to ▶

THE SELLER MUST

A 1 Provision of goods in conformity with the contract

Provide the goods and the commercial invoice, or its equivalent electronic message, in conformity with the contract of sale and any other evidence of conformity which may be required by the contract.

A 2 Licences, authorisations and formalities

Obtain at his own risk and expense any export licence or other official authorisation and carry out all customs formalities necessary for the exportation of the goods and, where necessary, for their transit through another country.

A 3 Contract of carriage and insurance

a) Contract of carriage
Contract at his own expense for the carriage of the goods by a usual route and in a customary manner to the named place at the named port of destination. If a point is not agreed or is not determined by practice, the seller may select the point at the named port of destination which best suits his purpose.
b) Contract of insurance
No obligation.

A 4 Delivery

Place the goods at the disposal of the buyer on board the vessel at the usual unloading point in the named port of destination uncleared for import on the date or within the period stipulated, in such a way as to enable them to be removed from the vessel by unloading equipment appropriate to the nature of the goods.

A 5 Transfer of risks

Subject to the provisions of B.5., bear all risks of loss of or

DELIVERED EX SHIP

(... named port of destination)

▶ bear all the costs and risks involved in bringing the goods to the named port of destination.
This term can only be used for sea or inland waterway transport.

B▶ THE BUYER MUST

B 1   Payment of the price

Pay the price as provided in the contract of sale.

B 2   Licences, authorisations and formalities

Obtain at his own risk and expense any import licence or other official authorisation and carry out all customs formalities necessary for the importation of the goods.

B 3   Contract of carriage

No obligation.

B 4   Taking delivery

Take delivery of the goods as soon as they are placed at his disposal in accordance with A.4.

B 5   Transfer of risks

Bear all risks of loss of or damage to the goods from the time

damage to the goods until such time as they have been delivered in accordance with A.4.

A 6   Division of costs

Subject to the provisions of B.6.

- in addition to costs resulting from A.3.a), pay all costs relating to the goods until such time as they have been delivered in accordance with A.4. ;
- pay the costs of customs formalities necessary for exportation as well as all duties, taxes or other official charges payable upon exportation and, where necessary, for their transit through another country prior to delivery in accordance with A.4.

A 7   Notice to the buyer

Give the buyer sufficient notice of the estimated time of arrival of the named vessel in accordance with A.4. as well as any other notice required in order to allow the buyer to take measures which are normally necessary to enable him to take the goods.

A 8   Proof of delivery, transport document or equivalent electronic message

Provide the buyer at the seller's expense with the delivery order and/or the usual transport document (for example a negotiable bill of lading, a non-negotiable sea waybill, an inland waterway document, or a multimodal transport document) to enable the buyer to take delivery of the goods.

Where the seller and the buyer have agreed to communicate electronically, the document referred to in the preceding paragraph may be replaced by an equivalent electronic data interchange (EDI) message.

they have been placed at his disposal in accordance with A.4.

Should he fail to give notice in accordance with B.7., bear all risks of loss of or damage to the goods from the agreed date or the expiry date of the period stipulated for delivery provided, however, that the goods have been duly appropriated to the contract, that is to say, clearly set aside or otherwise identified as the contract goods.

B 6   Division of costs

Pay all costs relating to the goods including unloading from the time they have been placed at his disposal in accordance with A.4.

Should he fail to take delivery of the goods when they have been placed at his disposal in accordance with A.4., or to give notice in accordance with B.7., bear all additional costs incurred thereby provided, however, that the goods have been appropriated to the contract, that is to say, clearly set aside or otherwise identified as the contract goods.

Pay all duties, taxes and other official charges as well as the costs of carrying out customs formalities payable upon irnportation of the goods.

B 7   Notice to the seller

Whenever he is entitled to determine the time within a stipulated period and/or the place of taking delivery, give the seller sufficient notice thereof.

B 8   Proof of delivery, transport document or equivalent electronic message

Accept the delivery order or the transport document in accordance with A.8.

DELIVERED EX SHIP

A 9   Checking - packaging - marking

Pay the costs of those checking operations (such as checking quality, measuring, weighing, counting) which are necessary for the purpose of delivering the goods in accordance with A.4.

Provide at his own expense packaging (unless it is usual for the particular trade to deliver the goods of the contract description unpacked) which is required for the delivery of the goods. Packaging is to be marked appropriately.

A 10   Other obligations

Render the buyer at the latter's request, risk and expense, every assistance in obtaining any documents or equivalent electronic messages (other than those mentioned in A.8.) issued or transmitted in the country of dispatch and/or of origin which the buyer may require for the importation of the goods.

Provide the buyer, upon request, with the necessary information for procuring insurance.

B 9   Inspection of goods

Pay, unless otherwise agreed, the costs of pre-shipment inspection except when mandated by the authorities of the country of exportation.

B 10   Other obligations

Pay all costs and charges incurred in obtaining the documents or equivalent electronic messages mentioned in A.10. and reimburse those incurred by the seller in rendering his assistance in accordance therewith.

DEQ

DELIVERED EX QUAY (DUTY PAID)

(... named port of destination)

« Delivered Ex Quay (duty paid) » means that the seller fulfils his obligation to deliver when he has made the goods available to the buyer on the quay (wharf) at the named port of destination, cleared for importation. The seller has to bear all risks and costs including duties, taxes and other charges of delivering the goods thereto.
This term should not be used if the seller is unable directly or indirectly to obtain the import licence.
If the parties wish the buyer to clear the goods for ▶

 THE SELLER MUST

A 1 Provision of goods in conformity with the contract

Provide the goods and the commercial invoice, or its equivalent electronic message, in conformity with the contract of sale and any other evidence of conformity which may be required by the contract.

A 2 Licences, authorisations and formalities

Obtain at his own risk and expense any export and import licence or other official authorisation and carry out all customs formalities for the exportation and importation of the goods and, where necessary, for their transit through another country.

A 3 Contract of carriage and insurance

a) Contract of carriage
Contract at his own expense for the carriage of the goods by a usual route and in a customary manner to the quay at the named port of destination. If a point is not agreed or is not determined by practice, the seller may select the point at the named port of destination which best suits his purpose.

b) Contract of insurance
No obligation.

A 4 Delivery

Place the goods at the disposal of the buyer on the quay or wharf at the agreed port of destination and on the date or within the period stipulated.

DEQ

DELIVERED EX QUAY
(DUTY PAID)
(... named port of destination)

▶ importation and pay the duty the words «duty unpaid» should be used instead of «duty paid».

If the parties wish to exclude from the seller's obligations some of the costs payable upon importation of the goods (such as value added tax (VAT)), this should be made clear by adding words to this effect : «Delivered ex quay, VAT unpaid (... named port of destination)».

This term can only be used for sea or inland waterway transport.

B▶ THE BUYER MUST

B 1   Payment of the price

Pay the price as provided in the contract of sale.

B 2   Licences, authorisations and formalities

Render the seller at the latter's request, risk and expense, every assistance in obtaining any import licence or other official authorisation necessary for the importation of the goods.

B 3   Contract of carriage

No obligation.

B 4   Taking delivery

Take delivery of the goods as soon as they have been placed at his disposal in accordance with A.4.

DELIVERED EX QUAY (DUTY PAID)

A 5   Transfer of risks

Subject to the provisions of B.5., bear all risks of loss of or damage to the goods until such time as they have been delivered in accordance with A.4.

A 6   Division of costs

Subject to the provisions of B.6.
- in addition to costs resulting from A.3.a), pay all costs relating to the goods until such time as they are delivered in accordance with A.4. ;
- pay the costs of customs formalities as well as all duties, taxes and other official charges payable upon exportation and importation of the goods, unless otherwise agreed and, where necessary, for their transit through another country prior to delivery in accordance with A.4.

A 7   Notice to the buyer

Give the buyer sufficient notice of the estimated time of arrival of the named vessel in accordance with A.4., as well as any other notice required in order to allow the buyer to take measures which are normally necesssary to enable him to take the goods.

A 8   Transport document or equivalent electronic message

Provide the buyer at the seller's expense with the delivery order and/or the usual transport document (for example, a negotiable bill of lading, a non-negotiable sea waybill, an inland waterway document or a multimodal transport document) to enable him to take the goods and remove them from the quay.

Where the seller and the buyer have agreed to communicate electronically, the document referred to in the preceding paragraph may be replaced by an equivalent electronic data interchange (EDI) message.

DELIVERED EX QUAY (DUTY PAID)

B 5   Transfer of risks

Bear all risks of loss of or damage to the goods from the time they have been placed at his disposal in accordance with A.4.

Should he fail to give notice in accordance with B.7., bear all risks of loss of or damage to the goods from the agreed date or the expiry date of the period stipulated for delivery provided, however, that the goods have been duly appropriated to the contract, that is to say, clearly set aside or otherwise identified as the contract goods.

B 6   Division of costs

Pay all costs relating to the goods from the time they have been placed at his disposal in accordance with A.4.

Should he fail to take delivery of the goods when they have been placed at his disposal in accordance with A.4., or to give notice in accordance with B.7., bear all additional costs incurred thereby provided, however, that the goods have been appro-priated to the contract, that is to say, clearly set aside or otherwise identified as the contract goods

B 7   Notice to the seller

Whenever he is entitled to determine the time within a stipulated period and/or the place of taking delivery, give the seller sufficient notice thereof.

B 8   Proof of delivery, transport document or equivalent electronic message

Accept the delivery order or transport document in accordance with A.8.

DELIVERED EX QUAY (DUTY PAID)

A 9   Checking - packaging - marking

Pay the costs of those checking operations (such as checking quality, measuring, weighing, counting) which are necessary for the purpose of delivering the goods in accordance with A.4.

Provide at his own expense packaging (unless it is usual for the particular trade to deliver the goods of the contract description unpacked) which is required for the delivery of the goods. Packaging is to be marked appropriately.

A 10   Other obligations

Pay all costs and charges incurred in obtaining the documents or equivalent electronic messages mentioned in B.10. and reimburse those incurred by the buyer in rendering his assistance therewith.

Provide the buyer, upon request, with the necessary information for procuring insurance.

DELIVERED EX QUAY (DUTY PAID)

B 9   Inspection of goods

Pay, unless otherwise agreed, the costs of pre-shipment inspection except when mandated by the authorities of the country of exportation.

B 10   Other obligations

Render the seller, at the latter's request, risk and expense, every assistance in obtaining any documents or equivalent electronic messages issued or transmitted in the country of importation which the seller may require for the purpose of placing the goods at the disposal of the buyer in accordance with these rules.

DDU

DELIVERED DUTY UNPAID
(... named place of destination)

«Delivered duty unpaid» means that the seller fulfils his obligation to deliver when the goods have been made available at the named place in the country of importation. The seller has to bear the costs and risks involved in bringing the goods thereto (excluding duties, taxes and other official charges payable upon importation as well as the costs and risks of carrying out customs formalities). The buyer has to pay any additional costs and to bear any risks caused by his failure to clear the goods for import in time. ▶

 THE SELLER MUST

A 1 Provision of the goods in conformity with the contract

Provide the goods and the commercial invoice, or its equivalent electronic message, in conformity with the contract of sale and any other evidence of conformity which may be required by the contract.

A 2 Licences, authorisations and formalities

Obtain at his own risk and expense any export licence and other official authorisation and carry out all customs formalities for the exportation of the goods and, where necessary, for their transit through another country.

A 3 Contract of carriage and insurance

a) Contract of carriage
Contract on usual terms at his own expense for the carriage of the goods by a usual route and in the customary manner to the agreed point at the named place of destination. If a point is not agreed or is not determined by practice, the seller may select the point at the named place of destination which best suits his purpose.

b) Contract of insurance
No obligation.

A 4 Delivery

Place the goods at the disposal of the buyer in accordance with A.3. on the date or within the period stipulated.

DELIVERED DUTY UNPAID
(... named place of destination)

▶ If the parties wish the seller to carry out customs formalities and bear the costs and risks resulting therefrom, this has to be made clear by adding words to this effect.
If the parties wish to include in the seller's obligations some of the costs payable upon importation of the goods (such as value added tax (VAT)), this should be made clear by adding words to this effect : «Delivered duty unpaid, VAT paid, (... named place of destination) ».
This term may be used irrespective of the mode of transport.

B▶ THE BUYER MUST

B 1 Payment of the price

Pay the price as provided in the contract of sale.

B 2 Licences, authorisations and formalities

Obtain at his own risk and expense any import licence or other official authorisation and carry out all customs formalities necessary for the importation of the goods.

B 3 Contract of carriage

No obligation.

B 4 Taking delivery

Take delivery of the goods as soon as they have been placed at his disposal in accordance with A.4.

DELIVERED DUTY UNPAID

A 5   Transfer of risks

Subject to the provisions of B.5., bear all risks of loss of or damage to the goods until such time as they have been delivered in accordance with A.4.

A 6   Division of costs

Subject to the provisions of B.6.

- in addition to costs resulting from A.3.a), pay all costs relating to the goods until such time as they have been delivered in accordance with A.4. ;
- pay the costs of customs formalities necessary for exportation as well as all duties, taxes and other official charges payable upon exportation and, where necessary, for their transit through another country prior to delivery in accordance with A.4.

A 7   Notice to the buyer

Give the buyer sufficient notice of the dispatch of the goods as well as any other notice required in order to allow the buyer to take measures which are normally necessary to enable him to take the goods.

A 8   Proof of delivery, transport document or equivalent electronic message

Provide at his own expense the delivery order and/or the usual transport document (for example a negotiable bill of lading, a non-negotiable sea waybill, an inland waterway document, an air waybill, a railway consignment note, a road consignment note, or a multimodal transport document) which the buyer may require to take delivery of the goods.

Where the seller and the buyer have agreed to communicate electronically, the document referred to in the preceding paragraph may be replaced by an equivalent electronic data interchange (EDI) message.

DELIVERED DUTY UNPAID

B 5   Transfer of risks

Bear all risks of loss of or damage to the goods from the time they have been placed at his disposal in accordance with A.4.

Should he fail to fulfil his obligations in accordance with B.2., bear all additional risks of loss of or damage to the goods incurred thereby and should he fail to give notice in accordance with B.7., bear all risks of loss of or damage to the goods from the agreed date or the expiry date of the period stipulated for delivery provided, however, that the goods have been duly appropriated to the contract, that is to say, clearly set aside or otherwise identified as the contract goods.

B 6   Division of costs

Pay all costs relating to the goods from the time they have been placed at his disposal at the named point of destination in accordance with A.4.

Should he fail to fulfil his obligations in accordance with B.2., or to take delivery of the goods when they have been placed at his disposal in accordance with A.4., or to give notice in accordance with B.7., bear all additional costs incurred thereby provided, however, that the goods have been duly appropriated to the contract, that is to say, clearly set aside or otherwise identified as the contract goods.

Pay all duties, taxes and other official charges as well as the costs of carrying out customs formalities payable upon importation of the goods.

B 7   Notice to the seller

Whenever he is entitled to determine the time within a stipulated period and/or the place of taking delivery, give the seller sufficient notice thereof.

B 8   Proof of delivery, transport document or equivalent electronic message

Accept the appropriate delivery order or transport document in accordance with A.8.

DELIVERED DUTY UNPAID

A 9   Checking - packaging - marking

Pay the costs of those checking operations (such as checking quality, measuring, weighing, counting) which are necessary for the purpose of delivering the goods in accordance with A.4.

Provide at his own expense packaging (unless it is usual for the particular trade to deliver the goods of the contract description unpacked) which is required for the delivery of the goods. Packaging is to be marked appropriately.

A 10   Other obligations

Render the buyer at the latter's request, risk and expense, every assistance in obtaining any documents or equivalent electronic messages other than those mentioned in A.8. issued or transmitted in the country of dispatch and/or of origin which the buyer may require for the importation of the goods.

Provide the buyer, upon request, with the necessary information for procuring insurance.

B 9   Inspection of goods

Pay, unless otherwise agreed, the costs of pre-shipment inspection except when mandated by the authorities of the country of exportation.

B 10   Other obligations

Pay all costs and charges incurred in obtaining the documents or equivalent electronic messages mentioned in A.10 and reimburse those incurred by the seller in rendering his assistance in accordance therewith.

DELIVERED DUTY PAID

(... named place of destination)

«Delivered duty paid» means that the seller fulfils his obligation to deliver when the goods have been made available at the named place in the country of importation. The seller has to bear the risks and costs, including duties, taxes and other charges of delivering the goods thereto, cleared for importation. Whilst the EXW term represents the minimum obligation for the seller, DDP represents the maximum obligation.

This term should not be used if the seller is unable directly or indirectly to obtain the import licence. ▶

THE SELLER MUST

A 1   Provision of the goods in conformity with the contract

Provide the goods and the commercial invoice, or its equivalent electronic message, in conformity with the contract of sale and any other evidence of conformity which may be required by the contract.

A 2   Licences, authorisations and formalities

Obtain at his own risk and expense any export and import licence and other official authorisation and carry out all customs formalities for the exportation and importation of the goods and, where necessary, for their transit through another country.

A 3   Contract of carriage and insurance

a) Contract of carriage
Contract at his own expense for the carriage of the goods by a usual route and in a customary manner to the agreed point at the named place of destination. If a point is not agreed or is not determined by practice, the seller may select the point at the named place of destination which best suits his purpose.

b) Contract of insurance
No obligation.

A 4   Delivery

Place the goods at the disposal of the buyer in accordance with A.3. on the date or within the period stipulated.

DELIVERED DUTY PAID
(... named place of destination)

▶ If the parties wish the buyer to clear the goods for importation and to pay the duty, the term DDU should be used.

If the parties wish to exclude from the seller's obligations some of the costs payable upon importation of the goods (such as value added tax (VAT)), this should be made clear by adding words to this effect : « Delivered duty paid, VAT unpaid (...named place of destination) ».

This term may be used irrespective of the mode of transport.

B▶ THE BUYER MUST

B 1   Payment of the price

Pay the price as provided in the contract of sale.

B 2   Licences, authorisations and formalities

Render the seller at the latter's request, risk and expense every assistance in obtaining any import licence and other official authorisation necessary for the importation of the goods.

B 3   Contract of carriage

No obligation.

B 4   Taking delivery

Take delivery of the goods as soon as they have been placed at his disposal in accordance with A.4.

DELIVERED DUTY PAID

A 5   Transfer of risks

Subject to the provisions of B.5., bear all risks of loss of or damage to the goods until such time as they have been delivered in accordance with A.4.

A 6   Division of costs

Subject to the provisions of B.6.

- in addition to costs resulting from A.3.a), pay all costs relating to the goods until such time as they have been delivered in accordance with A.4. ;
- pay the costs of customs formalities as well as all duties, taxes and other official charges payable upon exportation and importation of the goods, unless otherwise agreed and, where necessary, their transit through another country prior to delivery in accordance with A.4.

A 7   Notice to the buyer

Give the buyer sufficient notice of the dispatch of the goods as well as any other notice required in order to allow the buyer to take measures which are normally necessary to enable him to take the goods.

A 8   Proof of delivery, transport document or equivalent electronic message

Provide the buyer at the seller's expense with the delivery order and/or the usual transport document (for example, a negotiable bill of lading, a non-negotiable sea waybill, an inland waterway document, an air waybill, a railway consignment note, a road consignment note, or a multimodal transport document) which the buyer may require to take the goods.

Where the seller and the buyer have agreed to communicate electronically, the document referred to in the preceding paragraph may be replaced by an equivalent electronic data interchange (EDI) message.

A 9   Checking - packaging - marking

Pay the costs of those checking operations (such as checking quality, measuring, weighing, counting) which are necessary for the purpose of delivering the goods in accordance with A.4.

Provide at his own expense packaging (unless it is usual for the particular trade to deliver the goods of the contract

B 5   Transfer of risks

Bear all risks of loss of or damage to the goods from the time they have been placed at his disposal in accordance with A.4.

Should he fail to give notice in accordance with B.7., bear all risks of loss of or damage to the goods from the agreed date or the expiry date of the period stipulated for delivery provided, however, that the goods have been duly appropriated to the contract, that is to say, clearly set aside or otherwise identified as the contract goods.

B 6   Division of costs

Pay all costs relating to the goods from the time they have been placed at his disposal in accordance with A.4.

Should he fail to take delivery of the goods when they have been placed at his disposal in accordance with A.4., or to give notice in accordance with B.7., bear all additional costs incurred thereby provided, however, that the goods have been appropriated to the contract, that is to say, clearly set aside or otherwise identified as the contract goods.

B 7   Notice to the seller

Whenever he is entitled to determine the time within a stipulated period and/or the place of taking delivery, give the seller sufficient notice thereof.

B 8   Proof of delivery, transport document or equivalent electronic message

Accept the appropriate delivery order or transport document in accordance with A.8.

B 9   Inspection of goods

Pay, unless otherwise agreed, the costs of pre-shipment inspection except when mandated by the authorities of the country of exportation.

description unpacked) which is required for the delivery of the goods. Packaging is to be marked appropriately.

A 10   Other obligations

Pay all costs and charges incurred in obtaining the documents or equivalent electronic messages mentioned in B.10. and reimburse those incurred by the buyer in rendering his assistance therewith.

Provide the buyer, upon request, with the necessary information for procuring insurance.

DELIVERED DUTY PAID

B 10   Other obligations

Render the seller, at his request, risk and expense, every assistance in obtaining any documents or equivalent electronic messages issued or transmitted in the country of importation which the seller may require for the purpose of placing the goods at the disposal of the buyer in accordance with these rules.

incoterms

1990

Entrée en vigueur 1er juillet 1990

AVANT-PROPOS

Faire voyager des marchandises à l'échelon international, dans le cadre d'une transaction commerciale, n'est pas sans risques : livraison non réalisée, dommages, pertes, peuvent survenir et entraîner des procès entre les parties. Or, vendeurs et acheteurs liés par des contrats internationaux tiennent avant tout à une issue heureuse de leurs affaires.

En se référant, dans leurs contrats, à l'un des Incoterms de la CCI, l'acheteur et le vendeur précisent simplement et en toute sécurité, leurs responsabilités respectives. Toute possibilité d'équivoque est ainsi écartée, et l'éventualité de différends ultérieurs rendue peu probable.

Les Incoterms ont été revus afin de tenir compte des changements intervenus dans les techniques de transport - certains termes ont été fusionnés et reclassés - et d'assurer leur pleine compatibilité avec les développements nouveaux dans les échanges de données informatiques (EDI). Il sont présentés sous une forme nouvelle permettant au vendeur et à l'acheteur de suivre pas à pas le processus qui détermine leurs obligations respectives. Une nouvelle mise en page de l'ouvrage facilite l'utilisation des Incoterms 1990.

Cette publication est le résultat d'études approfondies menées par la Commission des Pratiques Commerciales Internationales de la CCI et, en particulier, par son Groupe de Travail « Termes Commerciaux » présidé par le Dr. Hans de Vries (Pays Bas). Le détail de la rédaction a été assuré par le Professeur Jan Ramberg (Suède), M. Ray Battersby (Royaume Uni), M. Jens Bredow et M. Bodo Seiffert (Allemagne), M. Mauro Ferrante (Italie), M. Asko Räty et M. Kainu Mikkola (Finlande), et Mme Carol Xueref (Secrétariat International) auxquels la CCI témoigne une gratitude particulière.

La CCI remercie aussi Mlle Laurence Kiffer du cabinet Derains-Gélinas et Associés pour sa précieuse collaboration à la mise au point de la version française.

Ont également participé aux travaux du Groupe de Travail : M. Klaus B. Winkler (Allemagne), M. Ladislaus Blaschek (Autriche), Mme Carine Gelens, Jan Somers (†) et M. Robert De Roy (Belgique), M. Santiago Hernandez Izal (Espagne), M. Matti Elovirta et M. Timo Vierikko (Finlande), Dott. Vladimiro Sabbadini (Italie), Prof. Ryohei Asaoka (Japon), Mlle Lyn Murray, Mlle Brigitte Faubert et M. Pat J. Moore (Royaume-Uni).

INTRODUCTION

BUT DES INCOTERMS

1. Le but des Incoterms est d'arrêter une série de règles internationales pour l'interprétation des termes commerciaux les plus utilisés dans le commerce extérieur. On évite ainsi l'incertitude née d'interprétations différentes de ces termes d'un pays à un autre, ou du moins cette incertitude se trouve considérablement réduite.

2. Souvent les parties à un contrat n'ont pas une connaissance précise des pratiques commerciales utilisées dans le pays de leur co-contractant. Cela peut provoquer des malentendus, des litiges et des procès, avec tout ce que cela implique de pertes de temps et d'argent. Pour remédier à ces problèmes, la Chambre de Commerce Internationale a publié pour la première fois en 1936 une série de règles internationales pour l'interprétation des termes commerciaux. Ces règles sont connues sous le nom d'Incoterms 1936. Des amendements et additions y ont été apportés en 1953, 1967, 1976, 1980 et maintenant en 1990, afin d'adapter ces règles aux pratiques commerciales internationales les plus récentes.

POURQUOI DE NOUVEAUX INCOTERMS?

3. Une des principales raisons de la révision des Incoterms en 1990 a été le désir d'adapter ces termes au recours croissant fait aux échanges de données informatiques (EDI). La présente version 1990 des Incoterms rend cela possible quand les parties sont tenues de fournir divers documents (tels que factures commerciales, documents nécessaires au dédouanement ou exigés comme preuve de la livraison de la marchandise, ainsi que les documents de transport). Des problèmes particuliers se posent quand le vendeur doit présenter un document de transport négociable et, notamment, un connaissement qui est fréquemment utilisé afin de pouvoir vendre les marchandises en cours de transport. En pareil cas, quand on se sert de message EDI, il est essentiel de s'assurer que la position de l'acheteur est juridiquement la même que s'il avait reçu un connaissement du vendeur.

NOUVELLES TECHNIQUES DE TRANSPORT

4. Une autre raison de procéder à une révision des Incoterms a été le changement dans les techniques de transport, en particulier l'unitarisation des charges dans les conteneurs, le transport multimodal et le transport ro-ro (transroulage) avec des véhicules routiers et des wagons de chemin de fer dans le transport par mer à courte distance. Dans les Incoterms 1990, le terme «Franco Transporteur (... lieu convenu)» (FCA) a maintenant été adapté à tous les types de transport, quels que soient leurs modes et leurs combinaisons. En conséquence on a supprimé des termes figurant dans la précédente version des Incoterms qui visaient des modes de transport particuliers (FOR/FOT et FOB Aéroport).

NOUVELLE METHODE DE PRESENTATION DES INCOTERMS

5. A l'occasion de la révision à laquelle procédait le Groupe de Travail de la CCI, on a suggéré de présenter les termes commerciaux autrement, pour en faciliter la lecture et la compréhension. Ces termes ont été regroupés en quatre catégories fondamentalement différentes ; en commençant par le seul terme selon lequel le vendeur met les marchandises à la disposition de l'acheteur dans les locaux mêmes du vendeur (le **terme E**, EXW) ; suivi des **termes F** où le vendeur est appelé à remettre les marchandises à un transporteur désigné par l'acheteur (les termes F, FCA, FAS et FOB) ; viennent ensuite les **termes C** où le vendeur doit conclure le contrat de transport mais sans assumer le risque de perte ou de dommage aux marchandises ni les frais supplémentaires dus à des faits postérieurs au chargement ou à l'expédition (CFR, CIF, CPT, CIP) ; et enfin les **termes D** qui laissent à la charge du vendeur tous les coûts et risques qu'entraîne l'acheminement des marchandises jusqu'au pays de destination (DAF, DES, DEQ, DDU et DDP). Un tableau de cette nouvelle classification est présenté ci-après.

En outre, pour tous ces termes, les obligations respectives des parties ont été regroupées sous 10 en-têtes dont chacun reflète, côté vendeur, la position de l'acheteur sur le même sujet. Ainsi, par exemple, si selon A.3. le vendeur doit conclure le contrat de transport et payer celui-ci, nous trouverons les mots «aucune obligation» sous B.3. où est exposée la position de l'acheteur. Bien entendu, cela ne veut pas dire que l'acheteur ne va pas conclure dans son propre intérêt les contrats nécessaires pour amener les marchandises à la destination souhaitée mais il n'y est pas «obligé» vis à vis du vendeur. En ce qui concerne la répartition entre les parties des droits, taxes et autres charges officielles, ainsi que des dépenses de dédouanement, les termes expliquent pour plus de clarté, comment ces frais se répartissent entre les parties, bien qu'évidemment le vendeur puisse n'être en rien intéressé par ce que l'acheteur fera des marchandises après qu'on les lui ait livrées. Inversement, dans le cas des termes D, l'acheteur n'est pas intéressé par les frais que le vendeur peut devoir engager pour amener les marchandises au point de destination convenu.

INCOTERMS 1990

Groupe E Départ	**EXW**	A l'usine
Groupe F Transport Principal Non Acquitté	**FCA**	Franco Transporteur
	FAS	Franco le Long du Navire
	FOB	Franco Bord
Groupe C Transport Principal Acquitté	**CFR**	Coût et Fret
	CIF	Coût, Assurance et Fret
	CPT	Port Payé Jusqu'à
	CIP	Port Payé, Assurance Comprise, Jusqu'à
Groupe D Arrivée	**DAF**	Rendu Frontière
	DES	Rendu Ex Ship
	DEQ	Rendu à Quai
	DDU	Rendu Droits Non Acquittés
	DDP	Rendu Droits Acquittés

COUTUMES D'UN PORT OU D'UNE PROFESSION PARTICULIÈRE

6.   Comme les termes commerciaux doivent nécessairement pouvoir être employés dans différents commerces et différentes régions, il est impossible d'exposer avec précision toutes les obligations des parties. Dans une certaine mesure, il sera donc nécessaire de faire référence aux coutumes professionnelles ou locales ou aux pratiques que les parties elles-mêmes peuvent avoir établies dans leurs relations antérieures (voir l'article 9 de la Convention des Nations Unies, de 1980, sur les Contrats de Vente Internationale de Marchandises). Il est évidemment souhaitable que vendeurs et acheteurs soient dûment informés de ces coutumes quand ils négocient leur contrat et qu'en cas d'incertitude ils clarifient leur position juridique en insérant des clauses adéquates dans le contrat de vente. De telles dispositions spéciales dans un contrat donné l'emporteraient sur tout ce qui est présenté comme règle d'interprétation dans les différents Incoterms.

LES OPTIONS DE L'ACHETEUR

7.   Dans certaines situations il peut être impossible, au moment de la conclusion du contrat de vente, de préciser le point exact, voire le lieu où les marchandises doivent être livrées par le vendeur, (soit par remise à un transporteur, soit à destination finale). Par exemple, on peut n'avoir fait référence qu'à une zone ou un lieu fort vaste comme un port de mer, l'usage est alors de stipuler que l'acheteur aura ultérieurement le droit ou le devoir de désigner un point plus précis dans cette zone ou ce lieu. Si l'acheteur a le devoir de désigner ce point précis et s'il ne le fait pas, il supportera les risques et frais supplémentaires qui découleront de son silence. En outre, le fait que l'acheteur n'use pas de son droit d'indiquer le point peut donner au vendeur le droit de choisir le point qui lui convient le mieux.

DÉDOUANEMENT

8.   Il est normalement souhaitable que le dédouanement soit assuré par la partie domiciliée dans le pays où ce dédouanement doit être effectué, ou au moins par quelqu'un agissant pour son compte. C'est donc l'exportateur qui devrait normalement se charger du dédouanement à l'exportation, et l'importateur du dédouanement des marchandises à l'importation. Néanmoins, selon certains termes commerciaux, l'acheteur peut se charger du dédouanement à l'exportation dans le pays du vendeur (EXW, FAS) et, dans d'autres termes, le vendeur peut se charger du dédouanement à l'importation dans le pays de l'acheteur (DEQ et DDP). Il va de soi qu'en pareils cas l'acheteur et le vendeur doivent assumer, respectivement, le risque d'une interdiction d'exportation ou d'importation. Ils devront aussi s'assurer qu'un dédouanement fait par, ou pour le compte d'une partie non domiciliée dans le pays en question est admis par les autorités. Des problèmes particuliers se posent quand le vendeur s'engage à livrer les marchandises dans le pays de l'acheteur en un lieu qui ne peut être atteint tant que les marchandises ne sont pas dédouanées à l'importation, et que sa possibilité d'atteindre ce lieu est compromise si l'acheteur manque à son obligation de procéder à ce dédouanement (voir ci-dessous le commentaire sur DDU).

Il peut arriver que l'acheteur veuille prendre livraison des marchandises dans les locaux du vendeur selon le terme EXW, ou le long du navire selon le terme FAS, tout en souhaitant que le vendeur assure le dédouanement des marchandises à l'exportation. Dans ce cas le mot «dédouané» pourrait être ajouté au terme commercial choisi. A l'inverse il se peut que le vendeur soit prêt à livrer les marchandises selon les termes DEQ ou DDP mais sans assumer, en tout ou partie, le paiement des droits et autres impôts ou taxes officiels frappant l'importation des marchandises. Dans ce cas le terme «droits non acquittés» peut être ajouté après DEQ. Il est également possible d'exclure expressément les impôts ou taxes que le vendeur ne veut pas payer, en ajoutant

« TVA non acquittée » après les termes DEQ et DDP.

Il a également été observé que dans certains pays il est difficile pour les vendeurs étrangers d'obtenir une licence d'importation ou la déduction de droits (p. ex. : déduction de la TVA). Pour cette raison le terme DDU soustrait le vendeur à l'obligation de dédouaner les marchandises à l'importation.

Cependant, dans certains cas, le vendeur, dont l'obligation de transport s'étend jusqu'à l'usine de l'acheteur dans le pays d'importation, désire effectuer lui-même les formalités nécessaires à l'importation, sans pour autant acquitter les droits et taxes correspondants à cette opération. Dans ce cas, il est nécessaire d'ajouter au terme DDU un libellé tel que « TVA non acquittée » ou « droits non acquittés ».

De tels libellés peuvent être utilisés avec d'autres termes du groupe D, tels que par exemple « DDP, TVA non acquittée ; « DEQ non dédouané ».

EMBALLAGE

9.   Dans la plupart des cas, les parties savent à l'avance quel emballage est nécessaire au bon acheminement des marchandises. Toutefois, comme l'obligation du vendeur d'emballer les marchandises peut varier selon le type et la durée du transport envisagé, il a paru nécessaire de stipuler que le vendeur doit emballer les marchandises comme le transport l'exige, mais seulement dans la mesure où les conditions du transport lui sont communiquées avant la conclusion du contrat de vente (voir les articles 35.1 et 35.2.b. de la Convention des Nations Unies, de 1980, sur les Contrats de Vente Internationale de Marchandises qui stipule que les marchandises ainsi que leur emballage doivent être « propres à tout usage spécial qui a été porté expressément ou tacitement à la connaissance du vendeur au moment de la conclusion du contrat, sauf s'il résulte des circonstances que l'acheteur ne s'en est pas remis à la compétence ou à l'appréciation du vendeur ou qu'il n'était pas raisonnable de sa part de le faire »).

INSPECTION DES MARCHANDISES

10.   Dans de nombreux cas, l'acheteur ferait bien de prévoir une inspection des marchandises avant ou au moment de leur remise par le vendeur au transporteur (inspection avant expédition, ou PSI (« Pre-Shipment Inspection »)). Sauf stipulation contraire dans le contrat, l'acheteur doit payer lui-même les frais de cette inspection, faite dans son intérêt. Mais si l'inspection est faite afin de permettre au vendeur d'observer certaines règles obligatoires applicables à l'exportation des marchandises dans son propre pays, l'inspection sera à sa charge.

FRANCO TRANSPORTEUR (... LIEU CONVENU) (FCA)

11. Comme il a été dit, le terme FCA peut être utilisé toutes les fois que le vendeur s'acquitte de son obligation en remettant les marchandises à un transporteur désigné par l'acheteur. Il est prévu que ce terme puisse être utilisé aussi pour le transport maritime dans tous les cas où les marchandises ne sont pas chargées sur le navire par la méthode traditionnelle de franchissement du bastingage. Il va de soi que le terme FOB traditionnel ne convient pas lorsque le vendeur est appelé à remettre les marchandises à un terminal de fret avant l'arrivée du navire puisqu'il devrait alors continuer à supporter les risques et frais alors qu'il ne lui est plus possible de contrôler les marchandises ni de donner des instructions au sujet de leur garde.

Il convient de souligner que selon les termes « F », le vendeur doit remettre les marchandises en vue de leur transport conformément aux instructions données par l'acheteur puisque c'est ce dernier qui doit conclure le contrat de transport et désigner le transporteur. Il n'est donc pas nécessaire de préciser dans le terme commercial la façon dont les marchandises devront être remises par le vendeur au transporteur. Néanmoins, afin de permettre aux exportateurs et importateurs d'employer le terme FCA comme un terme « F » d'application générale, des explications sont données sur les modalités habituelles de livraison pour les différents modes de transport.

De même, il peut paraître superflu d'introduire ici une définition du « transporteur » puisqu'il appartient à l'acheteur de désigner au vendeur la personne à qui les marchandises devront être remises aux fins de transport. Toutefois, comme le transporteur et le document de transport présentent une grande importance pour les agents commerciaux, le préambule du terme FCA contient une définition du « transporteur ». Dans ce contexte, il faut noter que le terme « transporteur » ne se réfère pas uniquement à une entreprise assurant effectivement le transport, mais inclut aussi une entreprise qui s'est simplement engagée à effectuer ou à faire effectuer le transport, pourvu que cette entreprise assume une responsabilité de transporteur. Autrement dit, le terme « transporteur » comprend aussi bien les transporteurs qui réalisent le transport, que ceux qui s'engagent à le faire effectuer. Comme la position des commissionnaires de transport à cet égard varie d'un pays à l'autre et selon les usages de la profession de transitaire, le préambule rappelle que le vendeur doit évidemment suivre les instructions de l'acheteur lui enjoignant de livrer les marchandises à un transitaire de fret, même si ce transitaire refuse d'assumer une responsabilité de transporteur et n'entre donc pas dans la définition du « transporteur ».

LES TERMES «C» (CFR, CIF, CPT et CIP)

12. Selon les termes «C», le vendeur doit conclure le contrat de transport conformément aux conditions usuelles et à ses propres frais. C'est pourquoi le point jusqu'auquel il doit payer les frais de transport doit nécessairement être indiqué à la suite du terme «C» choisi. Selon les termes CIF et CIP, le vendeur doit aussi obtenir une assurance et en supporter le coût.

Etant donné que le point de partage des coûts se trouve dans le pays de destination, on croit souvent, à tort, que les termes «C» sont des contrats à l'arrivée aux termes desquels le vendeur n'est libéré de tous risques ou coûts qu'à partir de l'arrivée effective des marchandises au point convenu. Mais il faut répéter sans cesse que les termes «C» sont de même nature que les termes «F» en ce que le vendeur remplit le contrat dans le pays d'expédition ou d'envoi. Ainsi les contrats de vente selon les termes «C», tout comme ceux selon les termes «F», entrent dans la catégorie des contrats à l'expédition.

Si le vendeur est redevable des frais de transport normaux pour le transport des marchandises par une route habituelle et de la façon usuelle jusqu'au lieu de destination convenu, les risques de perte ou de dommage des marchandises, ainsi que les coûts supplémentaires pouvant résulter d'événements postérieurs à la remise des marchandises aux fins de transport, sont à la charge de l'acheteur. Aussi les termes «C», différents en cela de tous les autres termes, couvrent-ils deux points critiques, l'un pour le partage des coûts, l'autre pour la division des risques. C'est pourquoi la plus grande prudence s'impose quand on ajoute à un terme «C» des obligations à la charge du vendeur pour une période postérieure au point critique, mentionné ci-dessus, à savoir le point de division des risques. C'est l'essence même des termes «C» d'exonérer le vendeur de tout risque et coût supplémentaires une fois qu'il a rempli son contrat en concluant le contrat de transport et en remettant les marchandises au transporteur et dans le cas des termes CIF et CIP en obtenant une assurance.

Il faut aussi que le vendeur puisse avoir la possibilité de s'entendre avec l'acheteur pour encaisser le paiement aux termes d'un crédit documentaire en présentant à la banque les documents de transport convenus. Il serait tout à fait contraire à cette méthode de paiement courante dans le commerce international, que le vendeur ait à supporter des risques et coûts supplémentaires après l'embarquement et l'expédition des marchandises à partir du moment où le paiement a été fait selon un crédit documentaire ou de toute autre façon. Il va de soi, cependant, que le vendeur devra payer tout ce qui est dû au transporteur, que le fret soit payable avant expédition («prepaid freight») ou à destination («freight collect») à l'exception de frais supplémentaires dus à des événements postérieurs à l'expédition ou l'envoi.

S'il est usuel de se procurer plusieurs contrats de transport impliquant un transbordement des marchandises en des endroits intermédiaires avant de parvenir à la destination convenue, le vendeur doit payer tous ces frais, y compris ceux du déchargement et chargement des marchandises d'un véhicule à l'autre. Si, cependant, le transporteur exerçait son droit de transbordement - ou usait d'une clause similaire - pour éviter des obstacles imprévus (par exemple gel, congestion du trafic, troubles sociaux, directives gouvernementales, guerre ou actes de guerre) tous frais supplémentaires en résultant seraient à la charge de l'acheteur.

13. Il arrive très souvent que les parties souhaitent clarifier si le vendeur doit fournir un contrat de transport incluant le coût du déchargement. Comme ce coût est normalement inclus dans le fret quand les marchandises sont transportées par des compagnies maritimes régulières, le contrat de vente stipule souvent que les marchandises devront, ou au moins devraient être transportées en « liner terms ». Dans d'autres cas, le mot « débarqué » est ajouté après CFR ou CIF. Il est néanmoins recommandé de ne pas ajouter d'abréviations aux termes « C », à moins que le sens de ces abréviations ne soit clairement compris et admis par les parties contractantes dans la profession intéressée, par la loi applicable au contrat ou encore par l'usage commercial. En tout cas, le vendeur ne devrait pas -voire ne peut pas- sans modifier la nature même des termes « C », assumer une obligation quelconque quant à l'arrivée des marchandises à destination puisque tout retard en cours de transport est supporté par l'acheteur. Toute obligation relative à des délais doit donc nécessairement avoir trait au lieu d'expédition ou d'envoi, par exemple « expédition (envoi) pas plus tard que... ». Un accord prévoyant par exemple « CFR Hambourg pas plus tard que... » est réellement une erreur de dénomination et ouvre donc la porte à diverses interprétations. On pourrait croire soit que les parties ont voulu que les marchandises arrivent réellement à Hambourg à la date indiquée, auquel cas le contrat n'est pas un contrat à l'expédition mais un contrat à l'arrivée, soit, à l'inverse, que le vendeur devait expédier les marchandises à un moment tel qu'elles puissent arriver à Hambourg avant la date convenue, à moins de délais de transport dus à des événements imprévus.

14. Dans le négoce des produits de base il arrive que des marchandises soient achetées alors qu'elles sont en cours de transport par mer et, dans ce cas, le mot « afloat » (à flot) est ajouté au terme commercial. Comme le risque de perte ou de dommage des marchandises, selon les termes CFR et CIF, serait alors transmis du vendeur à l'acheteur, il pourrait y avoir des difficultés d'interprétation. Une possibilité serait de maintenir le sens ordinaire des termes CFR et CIF quant à la division des risques entre vendeur et acheteur, ce qui voudrait dire que l'acheteur aurait à assumer les risques déjà survenus au moment de l'entrée en vigueur du contrat de vente. L'autre possibilité serait de faire coïncider le transfert du risque et le moment de la conclusion du contrat de vente. La première possibilité pourrait bien être la plus pratique car il est d'habitude impossible de vérifier l'état des marchandises en cours de transport. C'est pourquoi la Convention des Nations Unies, de 1980, sur les Contrats de Vente Internationale de Marchandises, stipule dans son article 68 que « si les circonstances l'impliquent, les risques sont à la charge de l'acheteur à compter du moment où les marchandises ont été remises au transporteur qui a émis les documents constatant le contrat de transport ». Il existe néanmoins une exception à cette règle « si le vendeur avait connaissance ou aurait dû avoir connaissance du fait que les marchandises avaient péri ou avaient été détériorées et qu'il n'en a pas informé l'acheteur ». Ainsi l'interprétation du terme CFR ou CIF auquel est ajouté le mot « afloat » dépendra de la loi applicable au contrat de vente. Il est conseillé aux parties de s'assurer du droit applicable et de toute solution pouvant en découler. En cas de doute les parties devraient clarifier la question dans leur contrat.

INCOTERMS ET CONTRAT DE TRANSPORT

15.   Il convient de souligner que les Incoterms n'ont trait qu'aux termes commerciaux utilisés dans les contrats de vente et ne concernent donc pas les termes - parfois identiques ou similaires - pouvant être employés dans les contrats de transport, et en particulier les termes de diverses chartes-parties. Les conditions des chartes-parties sont d'habitude plus précises en ce qui concerne les frais d'embarquement et de déchargement ainsi que les délais prévus pour ces opérations (dispositions dites « de surestaries »). Il est conseillé aux parties à un contrat de vente de prendre en considération ce problème par des dispositions précises dans leur contrat, de façon à prévoir aussi clairement et aussi exactement que possible le délai dont disposera le vendeur pour charger la marchandise à bord d'un navire ou d'un autre moyen de transport fourni par l'acheteur, ainsi que le délai dont disposera l'acheteur, à destination, pour recevoir les marchandises du transporteur. Les parties au contrat de vente devront également prévoir dans quelle mesure le vendeur devra supporter le risque et le coût des opérations de déchargement selon les termes « F », et des opérations de chargement selon les termes « C ». Le simple fait que le vendeur ait pu conclure, par exemple, un contrat de transport comportant le terme de charte-partie « free out » selon lequel le transporteur serait libéré de la charge des opérations de déchargement, ne signifie pas nécessairement que selon le contrat de vente le risque et le coût de ces opérations incomberaient à l'acheteur car il pourrait ressortir du contrat, ou des usages portuaires, que le contrat de transport conclu par le vendeur doive s'étendre aux opérations de déchargement.

L'EXIGENCE «A BORD» SELON LES TERMES FOB, CFR ET CIF

16. C'est le contrat de transport qui devrait spécifier les obligations du chargeur ou de l'expéditeur concernant la remise des marchandises au transporteur. Il faut noter que les termes FOB, CFR et CIF respectent tous la pratique traditionnelle consistant à livrer les marchandises à bord du navire. Si, traditionnellement, le point de livraison des marchandises prévu dans le contrat de vente coïncide avec le point de remise des marchandises en vue du transport, les techniques de transport contemporaines créent un considérable problème de «synchronisation» avec le contrat de vente. De nos jours les marchandises sont d'habitude remises par le vendeur au transporteur avant qu'elles ne soient chargées à bord et même parfois avant l'arrivée du navire dans le port. En pareil cas il est conseillé d'utiliser des termes «F» ou «C» qui ne subordonnent pas la remise des marchandises pour le transport au chargement à bord, à savoir FCA, CPT ou CIP plutôt que FOB, CFR et CIF.

LES TERMES «D» (DAF, DES, DEQ, DDU ET DDP)

17. Comme il a été dit, les termes «D» sont par nature différents des termes «C» puisque selon les termes «D», le vendeur est responsable de l'acheminement des marchandises jusqu'au lieu ou point de destination. Le vendeur doit assumer tous les risques et coûts liés à cet acheminement. D'où il résulte que les termes «D» désignent des contrats à l'arrivée alors que les termes «C» désignent des contrats à l'expédition.

Les termes «D» se subdivisent en deux catégories distinctes. Selon DAF, DES et DDU, le vendeur n'a pas à livrer les marchandises dédouanées à l'importation, alors que selon DEQ et DDP, il y est obligé. Comme DAF est souvent utilisé pour les transports par rail, où il est pratique d'obtenir du chemin de fer un document de transport direct couvrant tout le transport jusqu'au lieu de destination finale, et de négocier l'assurance pour la même période, DAF contient sous A.8. une clause à cet effet. Mais il faut souligner que le devoir d'assistance du vendeur à l'acheteur pour l'obtention de ce document de transport direct s'exerce aux risques et frais de l'acheteur. De même, toutes dépenses d'assurance encourues postérieurement à la livraison par le vendeur des marchandises à la frontière seront à la charge de l'acheteur.

Le terme DDU a été ajouté à l'actuelle version 1990 des Incoterms. Ce terme remplit une fonction importante toutes les fois que le vendeur est prêt à livrer les marchandises dans le pays de destination sans dédouaner les marchandises à l'importation, ni payer les droits. Toutes les fois que le dédouanement à l'importation ne présente aucun problème - comme à l'intérieur du Marché Commun Européen - ce terme apparait être tout à fait souhaitable et approprié. Mais dans les pays où le dédouanement peut être difficile et long, le vendeur prend un risque en acceptant de livrer les marchandises au-delà du point de dédouanement. Bien que selon le terme DDU, B.5. et B.6., l'acheteur doive supporter les risques et coûts supplémentaires pouvant résulter de ce qu'il n'a pas pu remplir son obligation de dédouaner les marchandises, il est conseillé au vendeur de ne pas utiliser le terme DDU dans les pays où le dédouanement des marchandises à l'importation peut présenter des difficultés.

CONNAISSEMENT ET PROCEDURES EDI

18. Traditionnellement, le connaissement à bord était le seul document acceptable que le vendeur pouvait présenter selon les termes CFR et CIF. Le connaissement remplit trois fonctions importantes :
- il prouve la livraison des marchandises à bord du navire,
- il fait preuve du contrat de transport,
- c'est un instrument de transfert des droits sur la marchandise en cours de transport par le transfert du document papier à une autre partie.

Les documents de transport autres que le connaissement remplissent les deux premières de ces fonctions mais ne permettent pas de contrôler la livraison des marchandises à destination ni de revendre les marchandises en cours de transport par la remise du document papier à l'acheteur. Au lieu de cela, les autres documents de transport désignent la partie autorisée à prendre réception des marchandises à destination. Le fait que le connaissement soit exigé pour obtenir les marchandises du transporteur à destination fait qu'il est particulièrement difficile de le remplacer par des procédures EDI.

De plus, il est d'usage d'émettre les connaissements en plusieurs originaux. De ce fait, il est important pour un acheteur ou pour une banque agissant sur ses instructions, de s'assurer que le vendeur a remis tous les originaux (ce qu'on appelle le jeu complet) au moment où il a été payé. C'est aussi ce qu'exigent les Règles de la CCI pour les crédits documentaires (Règles et Usances relatives aux Crédits Documentaires, dites RUU, Publication CCI No. 400).

Le document de transport ne doit pas seulement prouver la remise des marchandises au transporteur mais aussi que ces marchandises, pour autant que le transporteur ait pu s'en assurer, ont été reçues en bon ordre et en bon état. Toute clause portée sur le document de transport, indiquant que les marchandises n'étaient pas en bon état, ferait que le document ne serait plus «net», et donc inacceptable selon les RUU (Art. 18; voir aussi la Publication CCI No. 473). Malgré le caractère juridique particulier du connaissement, on s'attend à le voir remplacé dans un proche avenir par des procédures EDI. La version 1990 des Incoterms tient compte, à juste titre, de cette perspective.

REMPLACEMENT DU CONNAISSEMENT PAR DES DOCUMENTS DE TRANSPORT NON NÉGOCIABLES

19. Ces dernières années on est parvenu à une simplification considérable des pratiques documentaires. Les connaissements sont fréquemment remplacés par des documents non négociables semblables à ceux utilisés pour des modes de transport autres que le transport par mer. Ces documents portent le nom de «lettre de transport maritime», «liner waybill», «reçu de fret», ou de variantes de ces expressions. Ces documents non négociables sont d'un usage très satisfaisant sauf si l'acheteur désire vendre les marchandises en cours de transport en remettant au nouvel acheteur un document papier. Pour que cela soit possible, l'obligation du vendeur de fournir un connaissement selon les termes CFR et CIF, doit nécessairement être maintenue. Mais si les parties contractantes savent que l'acheteur n'envisage pas de vendre les marchandises en cours de route, ils peuvent expressément libérer le vendeur de l'obligation de fournir un connaissement, ou encore utiliser CPT et CIP qui ne comportent pas l'obligation de fournir un connaissement.

DROIT DE DONNER DES INSTRUCTIONS AU TRANSPORTEUR

20. Un acheteur payant les marchandises selon un terme «C» doit s'assurer que le vendeur qui a été payé, ne disposera pas des marchandises en donnant au transporteur des instructions nouvelles. Certains documents de transport utilisés pour des modes de transport particuliers (air, route ou rail) offrent aux parties contractantes la possibilité d'empêcher légalement le vendeur de donner de nouvelles instructions au transporteur grâce à la fourniture, à l'acheteur, d'un original ou duplicata de la lettre de voiture contenant une «clause d'estoppel» («no disposal»). Mais les documents utilisés à la place du connaissement pour le transport maritime ne remplissent pas, normalement, cette fonction d'opposition légale. Des travaux sont en cours au sein du Comité Maritime International afin de combler cette lacune dans les documents cités en introduisant des «Règles Uniformes pour les lettres de transport maritime». Mais jusqu'à ce que ce travail prenne corps et soit suivi dans la pratique, l'acheteur doit éviter de payer en échange de documents non négociables s'il a quelque raison de se méfier du vendeur.

TRANSFERT DES RISQUES ET DES COÛTS RELATIFS A LA MARCHANDISE

21. Le risque de perte ou de dommage des marchandises et l'obligation d'acquitter les coûts relatifs aux marchandises, passe du vendeur à l'acheteur lorsque le vendeur s'est acquitté de son obligation de livrer les marchandises. Comme l'acheteur ne doit pas avoir la possibilité de retarder ce transfert des risques et des coûts, tous les termes stipulent que le transfert des risques et des coûts peut précéder la livraison si l'acheteur ne prend pas livraison des marchandises comme convenu ou ne donne pas les instructions (en matière de délai d'expédition et/ou de lieu de livraison) nécessaires au vendeur pour lui permettre de s'acquitter de l'obligation de livrer. Une condition d'un tel transfert prématuré des risques et des coûts est que les marchandises aient été individualisées comme étant destinées à l'acheteur ou, comme le stipulent les termes, mises à part à son intention. Cette exigence est particulièrement importante dans le cas de EXW puisque selon tous les autres termes les marchandises auraient normalement été individualisées à l'intention de l'acheteur quand les mesures ont été prises pour leur expédition ou envoi (termes « F » et « C ») ou leur livraison à destination (termes « D »). Cependant, dans des cas exceptionnels, les marchandises ont pu être expédiées en vrac par le vendeur, sans individualiser la quantité destinée à chaque acheteur ; dans ce cas il n'y a pas de transfert des risques et des coûts avant que les marchandises aient été identifiées comme il est dit ci-dessus (voir aussi l'Art. 69.3 de la Convention des Nations Unies, de 1980, sur les Contrats de Vente Internationale de Marchandises).

RÉFÉRENCE AUX INCOTERMS

22. Les commerçants désireux d'utiliser les présentes Règles devront spécifier que leurs contrats seront régis par les « Incoterms 1990 ».

COUR INTERNATIONALE D'ARBITRAGE DE LA CCI

Les parties contractantes qui souhaiteraient prévoir un recours auprès de la Cour Internationale d'Arbitrage de la CCI dans le cas d'un litige avec leur partenaire doivent spécialement et clairement inclure une clause d'Arbitrage CCI dans leur contrat, ou, dans le cas ou aucun document n'existe, dans l'échange de correspondance qui constitue leur accord. Le fait d'incorporer un ou plusieurs Incoterms dans un contrat ou dans la correspondance relative à celui-ci ne constitue pas en lui-même une convention de recours à la Cour Internationale d'Arbitrage de la CCI.

Ci-après figure la clause d'arbitrage standard conseillée par la CCI :

« Tous différends découlant du présent contrat seront tranchés définitivement suivant le Règlement de Conciliation et d'Arbitrage de la Chambre de Commerce Internationale par un ou plusieurs arbitres nommés conformément à ce Règlement. »

MODE DE TRANSPORT ET INCOTERM 1990 CORRESPONDANT

Tout mode de transport y compris le transport multimodal	**EXW**	A l'Usine (... lieu convenu)
	FCA	Franco Transporteur (... lieu convenu)
	CPT	Port Payé Jusqu'à (... lieu de destination convenu)
	CIP	Port Payé, Assurance Comprise, Jusqu'à (... lieu de destination convenu)
	DAF	Rendu Frontière (... lieu convenu)
	DDU	Rendu Droits Non Acquittés (... lieu de destination convenu)
	DDP	Rendu Droits Acquittés (... lieu de destination convenu)
Transport par air	**FCA**	Franco Transporteur (... lieu convenu)
Transport par rail	**FCA**	Franco Transporteur (... lieu convenu)
Transport par mer et voies navigables intérieures	**FAS**	Franco le Long du Navire (... port d'embarquement convenu)
	FOB	Franco Bord (... port d'embarquement convenu)
	CFR	Coût et Fret (... port de destination convenu)
	CIF	Coût, Assurance et Fret (... port de destination convenu)
	DES	Rendu Ex Ship (... port de destination convenu)
	DEQ	Rendu à Quai (... port de destination convenu)

A L'USINE
(... lieu convenu)

«A l'usine» signifie que le vendeur a rempli son obligation de livraison quand la marchandise est mise à disposition dans son établissement (i.e. usine, fabrique, entrepôt, etc.). En particulier, il n'est pas responsable du chargement de la marchandise dans le véhicule fourni par l'acheteur ou du dédouanement à l'exportation de la marchandise, sauf convention contraire. L'acheteur supporte tous les frais et ▸

A ▸ LE VENDEUR DOIT

A 1 Fourniture de la marchandise conformément au contrat

Fournir la marchandise et la facture commerciale, ou des données informatiques équivalentes, conformément au contrat de vente, et toute autre attestation de conformité requise par le contrat.

A 2 Licences, autorisations et formalités

Prêter à l'acheteur, à la demande de ce dernier et à ses risques et frais, tout son concours pour obtenir toute licence d'exportation ou autre autorisation officielle nécessaire à l'exportation de la marchandise.

A 3 Contrats de transport et d'assurance

a) Contrat de transport
Aucune obligation.
b) Contrat d'assurance
Aucune obligation.

A 4 Livraison

Mettre la marchandise à la disposition de l'acheteur au lieu de livraison convenu, à la date ou dans le délai stipulés conformément au contrat de vente ou, si aucun lieu ou aucun délai n'ont été stipulés, au lieu d'usage et dans un délai raisonnable pour la livraison d'une telle marchandise.

A L'USINE
(... lieu convenu)

▶ risques inhérents à l'acheminement de la marchandise de l'établissement du vendeur à la destination souhaitée. Ce terme représente ainsi l'obligation minimum pour le vendeur. Ce terme ne doit pas être utilisé lorsque l'acheteur ne peut effectuer directement ou indirectement les formalités nécessaires à l'exportation. Dans ces circonstances le terme FCA doit être utilisé.

B ► L'ACHETEUR DOIT

B 1 Paiement du prix

Payer le prix comme prévu dans le contrat de vente.

B 2 Licences, autorisations et formalités

Obtenir à ses propres risques et frais toute licence d'exportation et d'importation ou autre autorisation officielle et accomplir toutes les formalités douanières pour l'exportation et l'importation de la marchandise et, si nécessaire pour son transit par un pays tiers.

B 3 Contrat de transport

Aucune obligation.

B 4 Prise de livraison

Prendre livraison de la marchandise dès qu'elle a été mise à sa disposition conformément à A.4.

A L'USINE

A 5   Transfert des risques

Sous réserve des dispositions de B.5., supporter tous les risques de perte ou de dommage que peut courir la marchandise jusqu'au moment où elle est mise à la disposition de l'acheteur conformément à A.4.

A 6   Répartition des frais

Sous réserve des dispositions de B.6., payer tous les frais liés à la marchandise jusqu'au moment où elle a été mise à la disposition de l'acheteur conformément à A.4.

A 7   Avis donné à l'acheteur

Prévenir l'acheteur dans un délai raisonnable du moment et du lieu où la marchandise sera à sa disposition.

A 8   Preuve de la livraison, document de transport ou données informatiques équivalentes

Aucune obligation.

A L'USINE

B 5   Transfert des risques

Supporter tous les risques de perte ou de dommage que peut courir la marchandise à partir du moment où elle a été mise à sa disposition conformément à A.4.

S'il ne prévient pas le vendeur conformément à B.7., supporter tous les risques de perte ou de dommage que peut courir la marchandise à partir de la date convenue pour prendre livraison ou de la date d'expiration du. délai fixé à cet effet, à condition cependant que la marchandise ait été dûment individualisée, c'est-à-dire nettement mise à part ou identifiée de toute autre façon comme étant la marchandise faisant l'objet du contrat.

B 6   Répartition des frais

Payer tous les frais liés à la marchandise à partir du moment où elle a été mise à sa disposition conformément à A.4.

Payer tous les frais supplémentaires encourus s'il ne prend pas livraison de la marchandise quand elle a été mise à sa disposition ou ne prévient pas le vendeur conformément à B.7., à condition cependant que la marchandise ait été dûment individualisée, c'est-à-dire nettement mise à part ou identifiée de toute autre façon comme étant la marchandise faisant l'objet du contrat.

Payer tous les droits, taxes et autres charges officielles ainsi que les frais des formalités douanières exigibles du fait de l'exportation et de l'importation de la marchandise et, si nécessaire, de son transit par un pays tiers.

Rembourser la totalité des frais et charges encourus par le vendeur pour prêter son concours conformément à A.2.

B 7   Avis donné au vendeur

Lorsqu'il est en droit de déterminer la date dans un délai donné et/ou de choisir le lieu de livraison, prévenir le vendeur dans un délai suffisant.

B 8   Preuve de la livraison, document de transport ou données informatiques équivalentes

Fournir au vendeur une preuve appropriée de la prise de livraison.

A L'USINE

A 9   Vérification - emballage - marquage

Payer les frais des opérations de vérification (telles que contrôle de la qualité, mesurage, pesage, comptage) nécessaires pour mettre la marchandise à la disposition de l'acheteur.

Fournir à ses propres frais l'emballage nécessaire au transport de la marchandise (sauf s'il est d'usage dans la profession de fournir sans emballage la marchandise décrite au contrat) dans la mesure où les conditions de transport (e.g. modalités ; destination) sont communiquées au vendeur avant la conclusion du contrat de vente. L'emballage doit être marqué· de façon appropriée.

A 10   Autres obligations

Prêter à l'acheteur, à la demande de ce dernier et à ses risques et frais, tout son concours pour obtenir tous documents ou données informatiques équivalentes émis ou transmis dans le pays de livraison et/ou d'origine et dont l'acheteur pourrait avoir besoin pour l'exportation et/ou l'importation de la marchandise et, si nécessaire, pour son transit par un pays tiers.

Fournir à l'acheteur, à la demande de ce dernier, les informations nécessaires pour obtenir une assurance.

B 9   Inspection de la marchandise

Payer, sauf convention contraire, les frais d'inspection avant expédition, (y compris quand l'inspection a lieu sur ordre des pouvoirs publics du pays d'exportation).

B 10   Autres obligations

Payer la totalité des frais et charges encourus pour obtenir les documents ou données informatiques équivalentes mentionnés en A.10. et rembourser ceux encourus par le vendeur pour prêter son concours conformément à cet article.

FRANCO TRANSPORTEUR
(... lieu convenu)

« Franco Transporteur » signifie que le vendeur a rempli son obligation de livraison quand il a remis la marchandise dédouanée à l'exportation au transporteur désigné par l'acheteur, au lieu ou point convenus. Si aucun point précis n'est mentionné par l'acheteur, le vendeur peut choisir dans le lieu ou la zone stipulée l'endroit où le transporteur prendra la marchandise en charge. Lorsque la pratique commerciale exige le concours du vendeur pour conclure le contrat avec le transporteur (comme dans le transport par rail ou par air), le vendeur agira aux risques et frais de l'acheteur.
Ce terme peut être utilisé pour tout mode de transport y compris le transport multimodal.
« Transporteur » désigne toute personne qui, aux termes d'un contrat de transport, s'engage à effectuer ou faire effectuer un transport par rail, route, mer, air, voies navi- ▶

A ▶ LE VENDEUR DOIT

A 1 Fourniture de la marchandise conformément au contrat

Fournir la marchandise et la facture commerciale, ou des données informatiques équivalentes, conformément au contrat de vente, et toute autre attestation de conformité requise par le contrat.

A 2 Licences, autorisations et formalités

Obtenir à ses propres risques et frais toute licence d'exportation ou autre autorisation officielle et accomplir toutes les formalités douanières nécessaires à l'exportation de la marchandise.

A 3 Contrats de transport et d'assurance

a) Contrat de transport
Aucune obligation. Cependant, à la demande de l'acheteur ou si telle est la pratique commerciale et que l'acheteur ne donne pas d'instruction contraire en temps voulu, le vendeur peut conclure le contrat de transport aux conditions usuelles, aux

FRANCO TRANSPORTEUR

(... lieu convenu)

▸gables intérieures ou une combinaison de ces divers modes de transport. Si, l'acheteur demande au vendeur de livrer la marchandise à une personne, p.ex. un transitaire de fret, qui n'est pas un «transporteur», le vendeur est réputé avoir rempli son obligation de livraison quand la marchandise a été remise à cette personne.

«Terminal de transport» désigne un terminal de chemin de fer, une station de fret, un terminal ou dépôt pour conteneurs, un terminal de fret à usages multiples ou tout autre point de réception.

«Conteneur» désigne tout matériel utilisé pour unitariser le fret, p.ex. tous types de conteneurs et/ou plates-formes, agréés ou non par l'ISO, remorques, caisses mobiles, équipements ro-ro, igloos, et s'applique à tous les modes de transport.

B ► L'ACHETEUR DOIT

B 1 Paiement du prix

Payer le prix comme prévu dans le contrat de vente.

B 2 Licences, autorisations et formalités

Obtenir à ses propres risques et frais toute licence d'importation ou autre autorisation officielle et accomplir toutes les formalités douanières pour l'importation de la marchandise et, si nécessaire, pour son transit par un pays tiers.

B 3 Contrat de transport

Conclure à ses propres frais un contrat pour le transport de la marchandise à partir du lieu convenu, sauf dans le cas prévu à A.3.a).

risques et frais de l'acheteur. Le vendeur peut refuser de conclure le contrat et, dans ce cas, il en avertira promptement l'acheteur.

b) Contrat d'assurance
Aucune obligation.

A 4   Livraison

Remettre la marchandise au transporteur ou à une autre personne (e.g. un transitaire de fret) désigné par l'acheteur ou choisi par le vendeur conformément à A.3.a), au lieu ou point désignés (par ex. terminal de transport ou autre point de réception) à la date ou dans le délai convenus pour la livraison, et de la façon convenue ou habituelle en ce point. Si aucun point précis n'a été convenu et s'il y a plusieurs points possibles, le vendeur peut choisir le point qui lui convient le mieux au lieu de livraison. A défaut d'instructions précises de l'acheteur, le vendeur peut livrer la marchandise au transporteur de la manière qu'exigent le mode de transport de ce transporteur et la quantité et/ou la nature de la marchandise.

La livraison au transporteur s'effectue :

I) Dans le cas du <u>transport par rail</u>, quand la marchandise occupe un wagon complet (ou un conteneur transporté par chemin de fer), le vendeur doit charger le wagon ou le conteneur de la façon appropriée. La livraison est effective quand le wagon ou le conteneur chargé est pris en charge par le chemin de fer ou par une autre personne agissant en son nom.
Si la marchandise n'occupe pas un wagon ou un conteneur complet, la livraison est effective quand le vendeur a remis la marchandise au point de réception du chemin de fer, ou l'a chargée dans un véhicule fourni par le chemin de fer.

II) Dans le cas du <u>transport par route</u>, quand le chargement a lieu à l'établissement du vendeur, la livraison est effective quand la marchandise a été chargée dans le véhicule fourni par l'acheteur.
Si la marchandise est livrée à l'établissement du transporteur, la livraison est effective quand la marchandise a été remise au transporteur routier ou à quelqu'un agissant en son nom.

III) Dans le cas du transport par <u>voies navigables intérieures</u>, si le chargement a lieu à l'établissement du vendeur, la livraison est effective quand la marchandise a été chargée sur le bateau fourni par l'acheteur.
Si la marchandise est livrée à l'établissement du transporteur, la livraison est effective quand la marchandise a été remise au transporteur fluvial ou à une autre personne agissant en son nom.

FRANCO TRANSPORTEUR

B 4   **Prise de livraison**

Prendre livraison de la marchandise conformément à A.4.

IV) Dans le cas de <u>transport par mer</u> quand la marchandise occupe un conteneur complet (FCL), la livraison est effective quand le conteneur chargé est pris en charge par le transporteur maritime. Si le conteneur a été acheminé chez l'opérateur d'un terminal de transport agissant au nom du transporteur, la marchandise est réputée avoir été prise en charge quand le conteneur est entré sur le site de ce terminal.

Si la marchandise n'occupe pas un conteneur complet (LCL) ou si la marchandise n'est pas conteneurisée, le vendeur doit l'acheminer jusqu'au terminal de transport. La livraison est effective quand la marchandise a été remise au transporteur maritime, ou à quelqu'un agissant en son nom.

V) Dans le cas du <u>transport par air</u>, la livraison est effective quand la marchandise a été remise au transporteur aérien ou à quelqu'un agissant en son nom.

VI) Dans le cas où le mode de <u>transport n'est pas déterminé</u>, la livraison est effective quand la marchandise a été remise au transporteur ou à une autre personne agissant en son nom.

VII) Dans le cas de <u>transport multimodal</u> la livraison est effective quand la marchandise a été remise au transporteur conformément à i)-vi) selon le cas.

A 5   Transfert des risques

Sous réserve des dispositions de B.5., supporter tous les risques de perte ou de dommage que peut courir la marchandise jusqu'au moment où elle a été livrée conformément à A.4.

A 6   Répartition des frais

Sous réserve des dispositions de B.6.

- payer tous les frais liés à la marchandise jusqu'au moment où elle a été livrée au transporteur conformément à A.4.;
- payer les frais des formalités douanières ainsi que tous les droits, taxes et autres charges officielles exigibles du fait de l'exportation.

FCA

FRANCO TRANSPORTEUR

B 5   Transfert des risques

Supporter tous les risques de perte ou de dommage que peut
courir la marchandise à partir du moment où elle a été livrée
conformément à A.4.

S'il ne prévient pas le vendeur conformément à B.7. ou si le
transporteur désigné par lui ne prend pas la marchandise en
charge, supporter tous les risques de perte ou de dommage
que peut courir par la marchandise à partir de la date convenue
pour prendre livraison ou de la date d'expiration du délai fixé à
cet effet, à condition cependant que la marchandise ait été
dûment individualisée, c'est-à-dire nettement mise à part ou
identifiée de toute autre façon comme étant la marchandise
faisant l'objet du contrat.

B 6   Répartition des frais

Payer tous les frais liés à la marchandise à partir du moment
où elle a été livrée conformément à A.4.

A 7   Avis donné à l'acheteur

Prévenir l'acheteur dans un délai suffisant de la remise de la marchandise au transporteur. Si le transporteur ne prend pas la marchandise en charge au moment convenu, le vendeur doit en aviser l'acheteur.

A 8   Preuve de la livraison, document de transport ou données informatiques équivalentes

Fournir à l'acheteur, aux frais du vendeur, si c'est l'usage, le document usuel attestant la livraison de la marchandise conformément à A.4.

A moins que le document mentionné au paragraphe précédent soit le document de transport, prêter à l'acheteur, à la demande de ce dernier et à ses risques et frais , tout son concours pour obtenir un document de transport pour le contrat de transport (p. ex. un connaissement négociable, une lettre de transport maritime non négociable, un connaissement fluvial, une lettre de transport aérien, une lettre de voiture «rail», une lettre de voiture «route» ou un document de transport multimodal).

Lorsque le vendeur et l'acheteur ont convenus de communiquer électroniquement, le document mentionné au paragraphe précédent peut être remplacé par un message d'échange de données informatiques (EDI) équivalent.

A 9   Vérification - emballage - marquage

Payer les frais des opérations de vérification (telles que contrôle de la qualité, mesurage, pesage, comptage) nécessaires à la livraison de la marchandise au transporteur.

Fournir à ses propres frais l'emballage nécessaire au transport

Payer tous les frais supplémentaires encourus s'il ne désigne pas le transporteur ou si le transporteur désigné par lui ne prend pas la marchandise en charge au moment convenu, ou si l'acheteur ne prévient pas le vendeur conformément à B.7., à condition cependant que la marchandise ait été dûment individualisée, c'est-à-dire nettement mise à part ou identifiée de toute autre façon comme étant la marchandise faisant l'objet du contrat.

Payer tous les droits, taxes et autres charges officielles ainsi que les frais des formalités douanières exigibles du fait de l'importation de la marchandise et, si nécessaire, de son transit par un pays tiers.

B 7   Avis donné au vendeur

Prévenir le vendeur dans un délai suffisant du nom du transporteur, et si nécessaire du mode de transport, ainsi que de la date ou du délai où la marchandise doit lui être livrée et, le cas échéant, du point précis du lieu où la marchandise doit être livrée au transporteur.

B 8   Preuve de la livraison, document de transport ou données informatiques équivalentes

Accepter la preuve de la livraison conformément à A.8.

B 9   Inspection de la marchandise

Payer, sauf convention contraire, les frais d'inspection avant expédition, sauf si l'inspection a lieu sur ordre des pouvoirs publics du pays d'exportation.

de la marchandise (sauf s'il est d'usage dans la profession de fournir sans emballage la marchandise décrite au contrat) dans la mesure où les conditions de transport (e.g. modalités ; destination) sont communiquées au vendeur avant la conclusion du contrat de vente. L'emballage doit être marqué de façon appropriée.

A 10 Autres obligations

Prêter à l'acheteur, à la demande de ce dernier et à ses risques et frais, tout son concours pour obtenir tous documents ou données informatiques équivalentes (autres que celles mentionnées à A.8.), émis ou transmis dans le pays de livraison et/ou d'origine dont l'acheteur pourrait avoir besoin pour l'importation de la marchandise et, si nécessaire, pour son transit par un pays tiers.

Fournir à l'acheteur, à la demande de ce dernier, les informations nécessaires pour obtenir une assurance.

B 10   Autres obligations

Payer la totalité des frais et charges encourus pour obtenir les documents ou données informatiques équivalentes mentionnés en A.10. et rembourser ceux encourus par le vendeur pour prêter son concours conformément à cet article et pour conclure le contrat de transport conformément à A.3.a).

Fournir au vendeur les informations appropriées lorsque le concours du vendeur est nécessaire pour conclure le contrat de transport conformément à A.3.a).

FRANCO LE LONG DU NAVIRE

(... port d'embarquement convenu)

«Franco le long du navire» signifie que le vendeur a rempli son obligation de livraison quand la marchandise a été placée le long du navire, sur le quai ou dans des allèges au port d'embarquement convenu. Cela signifie que l'acheteur doit, à partir de ce moment là, supporter tous les frais et risques de perte ou de dommage que peut courir la marchandise. ▶

 ## LE VENDEUR DOIT

A 1 Fourniture de la marchandise conformément au contrat

Fournir la marchandise et la facture commerciale, ou des données informatiques équivalentes, conformément au contrat de vente, et toute autre attestation de conformité requise par le contrat.

A 2 Licences, autorisations et formalités

Prêter à l'acheteur, à la demande de ce dernier à ses risques et frais, tout son concours pour obtenir toute licence d'exportation ou toute autre autorisation officielle nécessaire à l'exportation de la marchandise.

A 3 Contrats de transport et d'assurance

a) Contrat de transport
Aucune obligation.
b) Contrat d'assurance
Aucune obligation.

A 4 Livraison

Livrer la marchandise le long du navire désigné au lieu de chargement désigné par l'acheteur au port d'embarquement convenu, selon l'usage du port et à la date ou dans le délai stipulés.

FRANCO LE LONG DU NAVIRE

(... port d'embarquement convenu)

▶ Le terme FAS exige de l'acheteur qu'il dédouane la marchandise à l'exportation. Il ne doit pas être utilisé quand l'acheteur ne peut pas accomplir directement ou indirectement les formalités nécessaires à l'exportation.
Ce terme ne peut être utilisé que pour le transport par mer ou voies navigables intérieures.

 L'ACHETEUR DOIT

B 1   Paiement du prix

Payer le prix comme prévu dans le contrat de vente.

B 2   Licences, autorisations et formalités

Obtenir à ses propres risques et frais toute licence d'exportation et d'importation ou autre autorisation officielle et accomplir toutes les formalités douanières pour l'exportation et l'importation de la marchandise et, si nécessaire, pour son transit par un pays tiers.

B 3   Contrat de transport

Conclure à ses propres frais un contrat pour le transport de la marchandise à partir du port d'embarquement convenu.

B 4   Prise de livraison

Prendre livraison de la marchandise conformément à A.4.

FRANCO LE LONG DU NAVIRE

A 5   Transfert des risques

Sous réserve des dispositions de B.5., supporter tous les risques de perte ou de dommage que peut courir la marchandise jusqu'au moment ou elle a été livrée conformément à A.4.

A 6   Répartition des frais

Sous réserve des dispositions de B.6. payer tous les frais liés à la marchandise jusqu'au moment où elle a été livrée conformément à A.4.

A 7   Avis donné à l'acheteur

Prévenir l'acheteur dans un délai suffisant que la marchandise a été livrée le long du navire désigné.

B 5   Transfert des risques

Supporter tous les risques de perte ou de dommage que peut courir la marchandise à partir du moment où elle a été livrée conformément à A.4.

S'il ne remplit pas ses obligations conformément à B.2., supporter tous les risques supplémentaires de perte ou de dommage, que peut courir la marchandise de ce fait et s'il ne prévient pas le vendeur conformément à B.7. ou si le navire désigné par lui n'arrive pas à temps ou ne peut prendre la marchandise ou termine son chargement avant la date stipulée, supporter tous les risques de dommage ou de perte encourus par la marchandise à partir de la date convenue pour prendre livraison ou de la date d'expiration du délai fixé à cet effet, à condition cependant que la marchandise ait été dûment individualisée, c'est-à-dire, nettement mise à part ou identifiée de toute autre façon comme étant la marchandise faisant l'objet du contrat.

B 6   Répartition des frais

Payer tous les frais liés à la marchandise à partir du moment où elle a été livrée conformément à A.4.

Payer les frais supplémentaires encourus parce que le navire désigné par lui n'arrive pas à temps, ou ne peut prendre la marchandise, ou termine son chargement avant la date stipulée, ou parce que l'acheteur ne remplit pas ses obligation conformément à B.2. ou ne prévient pas le vendeur conformément à B.7., à condition cependant que la marchandise ait été dûment individualisée, c'est-à-dire nettement mise à part ou identifiée de toute autre façon comme étant la marchandise faisant l'objet du contrat.

Payer tous les droits, taxes et autres charges officielles ainsi que les frais des formalités douanières exigibles du fait de l'exportation et de l'importation de la marchandise et, si nécessaire, de son transit par un pays tiers.

Payer la totalité des frais et charges encourus par le vendeur pour prêter son concours conformément à A.2.

B 7   Avis donné au vendeur

Prévenir le vendeur dans un délai suffisant du nom du navire, du lieu de chargement et du moment de livraison requis.

A 8 Preuve de la livraison, document de transport ou données informatiques équivalentes

Fournir à l'acheteur, au frais du vendeur, le document d'usage attestant la livraison de la marchandise conformément à A.4.

A moins que le document mentionné au paragraphe précédant ne soit le document de transport, prêter à l'acheteur à la demande ce dernier, et à ses risques et frais, tout son concours pour obtenir un document de transport (p. ex. un connaissement négociable, une lettre de transport maritime non négociable, un connaissement fluvial).

Lorsque le vendeur et l'acheteur ont convenus de communiquer électroniquement, le document mentionné aux paragraphes précédents peut être remplacé par un message d'échange de données informatiques (EDI) équivalent.

A 9 Vérification - emballage - marquage

Payer les frais des opérations de vérification (telles que contrôle de la qualité, mesurage, pesage, comptage) nécessaires pour mettre la marchandise à la disposition de l'acheteur.

Fournir à ses propres frais l'emballage nécessaire au transport de la marchandise (sauf s'il est d'usage dans la profession de fournir sans emballage la marchandise décrite au contrat) dans la mesure où les conditions de transport (e.g. modalités ; destination) sont communiquées au vendeur avant que le contrat de vente soit conclu. L'emballage doit être marqué de façon appropriée.

A 10 Autres obligations

Prêter à l'acheteur, à la demande de ce dernier à ses risques et frais, tout son concours pour obtenir tous documents ou données informatiques équivalentes (autres que celles mentionnées à A.8.) émis ou transmis dans le pays d'expédition et/ou d'origine dont l'acheteur pourrait avoir besoin pour l'exportation et/ou l'importation de la marchandise et, si nécessaire, pour son transit par un pays tiers.

Fournir à l'acheteur, à la demande de ce dernier, les informations nécessaires pour obtenir une assurance.

B 8 Preuve de la livraison, document de transport ou données informatiques équivalentes

Accepter la preuve de la livraison conformément à A.8.

B 9 Inspection de la marchandise

Payer, sauf convention contraire, les frais d'inspection avant expédition, (y compris quand l'inspection a lieu sur ordre des pouvoirs publics du pays d'exportation).

B 10 Autres obligations

Payer la totalité des frais et charges encourus pour obtenir les documents ou données informatiques équivalentes mentionnés en A.10. et rembourser ceux encourus par le vendeur pour prêter son concours conformément à cet article.

FOB

FRANCO BORD

(... port d'embarquement convenu)

«Franco Bord» signifie que le vendeur a rempli son obligation de livraison quand la marchandise passe le bastingage du navire au port d'embarquement désigné. Cela signifie que l'acheteur doit supporter tous les frais et risques de perte ou de dommage que peut courir la marchandise à partir de ce point. ▶

A▶ LE VENDEUR DOIT

A 1 Fourniture de la marchandise conformément au contrat

Fournir la marchandise et la facture commerciale, ou des données informatiques équivalentes, conformément au contrat de vente, et toute autre attestation de conformité requise par le contrat.

A 2 Licences, autorisations et formalités

Obtenir à ses propres risques et frais toute licence d'exportation ou autre autorisation officielle et accomplir toutes les formalités douanières nécessaires à l'exportation de la marchandise.

A 3 Contrats de transport et d'assurance

a) Contrat de transport
Aucune obligation.
b) Contrat d'assurance
Aucune obligation.

A 4 Livraison

Livrer la marchandise à bord du navire désigné par l'acheteur, au port d'embarquement convenu, selon l'usage du port et à la date ou dans le délai stipulés.

FRANCO BORD

(... port d'embarquement convenu)

▸ Le terme FOB exige que le vendeur dédouane la marchandise à l'exportation.
Ce terme ne peut être utilisé que pour le transport par mer et par voies navigables intérieures. Quand le bastingage du navire ne joue aucun rôle en pratique, comme dans le cas de transport roll on/roll off ou en conteneurs, il est préférable d'utiliser le terme FCA.

B▸ L'ACHETEUR DOIT

B 1   Paiement du prix

Payer le prix comme prévu dans le contrat de vente.

B 2   Licences, autorisations et formalités

Obtenir à ses propres risques et frais toute licence d'importation ou autre autorisation officielle et accomplir toutes les formalités douanières pour l'importation de la marchandise et, si nécessaire, pour son transit par un pays tiers.

B 3   Contrat de transport

Conclure à ses propres frais un contrat pour le transport de la marchandise à partir du port d'embarquement convenu.

B 4   Prise de livraison

Prendre livraison de la marchandise conformément à A.4.

FRANCO BORD

A 5   Transfert des risques

Sous réserve des dispositions de B.5., supporter tous les risques de perte ou de dommage que peut courir la marchandise jusqu'au moment où elle a passé le bastingage du navire au port d'embarquement convenu.

A 6   Répartition des frais

Sous réserve des dispositions de B.6. :

- payer tous les frais liés à la marchandise jusqu'au moment où elle a passé le bastingage du navire au port d'embarquement convenu;
- payer les frais des formalités douanières nécessaires à l'exportation ainsi que tous les droits, taxes et autres charges officielles exigibles du fait de l'exportation.

A 7   Avis donné à l'acheteur

Prévenir l'acheteur dans un délai suffisant que la marchandise á été livrée à bord.

B 5   Transfert des risques

Supporter tous les risques de perte ou de dommage que peut courir la marchandise à partir du moment où elle a passé le bastingage du navire au port d'embarquement convenu.

S'il ne prévient pas le vendeur conformément à B.7., ou si le navire désigné par lui n'arrive pas à temps ou ne peut prendre la marchandise ou termine son chargement avant la date stipulée, supporter tous les risques de perte ou de dommage que peut courir la marchandise à partir de la date convenue pour prendre livraison ou de la date d'expiration du délai fixé à cet effet, à condition cependant que la marchandise ait été dûment individualisée, c'est-à-dire nettement mise à part ou identifiée de toute autre façon comme étant la marchandise faisant l'objet du contrat.

B 6   Répartition des frais

Payer tous les frais liés à la marchandise à partir du moment où elle a passé le bastingage du navire au port d'embarquement convenu.

Payer les frais supplémentaires encourus parce que le navire désigné par lui n'arrive pas à temps, ou ne peut prendre la marchandise, ou termine son chargement avant la date stipulée, ou parce que l'acheteur ne prévient pas le vendeur conformément à B.7., à condition cependant que la marchandise ait été dûment individualisée, c'est-à-dire nettement mise à part ou identifiée de toute autre façon comme étant la marchandise faisant l'objet du contrat.

Payer tous les droits, taxes et autres charges officielles ainsi que les frais des formalités douanières exigibles du fait de l'importation de la marchandise et, si nécessaire, de son transit par un pays tiers.

B 7   Avis donné au vendeur

Prévenir le vendeur dans un délai suffisant du nom du navire, du point de chargement et du moment de livraison requis.

A 8 Preuve de la livraison, document de transport ou données informatiques équivalentes

Fournir à l'acheteur, aux frais du vendeur, le document d'usage attestant la livraison conformément à A.4.

A moins que le document mentionné au paragraphe précédent soit un document de transport, prêter à l'acheteur, à la demande de ce dernier et à ses risques et frais, tout son concours pour obtenir un document de transport pour le contrat de transport (p. ex. un connaissement négociable, une lettre de voiture maritime non négociable ou un connaissement fluvial ou un document de transport multimodal).

Lorsque le vendeur et l'acheteur ont convenus de communiquer électroniquement, le document mentionné au paragraphe précédent peut être remplacé par un message d'échange de données informatiques (EDI) équivalent.

A 9 Vérification - emballage - marquage

Payer les frais des opérations de vérification (telles que contrôle de la qualité, mesurage, pesage, comptage) nécessaires à la livraison de la marchandise conformément à A.4.

Fournir à ses propres frais l'emballage nécessaire au transport de la marchandise (sauf s'il est d'usage dans la profession de fournir sans emballage la marchandise décrite au contrat) dans la mesure où les conditions de transport (e.g. modalités ; destination) sont communiquées au vendeur avant la conclusion du contrat de vente. L'emballage doit être marqué de façon appropriée.

A 10 Autres obligations

Prêter à l'acheteur, à la demande de ce dernier et à ses risques et frais, tout son concours pour obtenir tous documents ou données informatiques équivalentes (autres que ceux mentionnées à A.8.) émis ou transmis dans le pays d'expédition et/ou d'origine dont l'acheteur pourrait avoir besoin pour l'importation de la marchandise et, si nécessaire, pour son transit par un pays tiers.

Fournir à l'acheteur, à la demande de ce dernier, les informations nécessaires pour obtenir une assurance.

FRANCO BORD

B 8   Preuve de la livraison, document de transport ou données informatiques équivalentes

Accepter la preuve de la livraison conformément à A.8.

B 9   Inspection de la marchandise

Payer, sauf convention contraire, les frais d'inspection avant expédition, sauf si l'inspection a lieu sur ordre des pouvoirs publics du pays d'exportation.

B 10   Autres obligations

Payer la totalité des frais et charges encourus pour obtenir les documents ou données informatiques équivalentes mentionnés en A.10. et rembourser ceux encourus par le vendeur pour prêter son concours conformément à cet article.

COÛT ET FRET
(... port de destination convenu)

«Coût et fret» signifie que le vendeur doit payer les frais et le fret nécessaires pour acheminer la marchandise au port de destination désigné, mais le risque de perte ou de dommage que peut courir la marchandise, comme le risque de frais supplémentaires nés d'événements intervenant après que la marchandise ait été livrée à bord du navire, est transféré du vendeur à l'acheteur quand la marchandise passe le bastingage du navire au port d'embarquement. ▶

A ▶ LE VENDEUR DOIT

A 1 Fourniture de la marchandise conformément au contrat

Fournir la marchandise et la facture commerciale, ou des données informatiques équivalentes, conformément au contrat de vente, et toute autre attestation de conformité requise par le contrat.

A 2 Licences, autorisations et formalités

Obtenir à ses propres risques et frais toute licence d'exportation ou autre autorisation officielle et accomplir toutes les formalités douanières nécessaires à l'exportation de la marchandise.

A 3 Contrats de transport et d'assurance

a) Contrat de transport
Conclure à ses propres frais, aux conditions usuelles, un contrat pour le transport de la marchandise par la route habituelle jusqu'au port de destination convenu, par un navire de mer (ou un bateau fluvial) du type de celui normalement utilisé pour le transport de la marchandise décrite au contrat.

b) Contrat d'assurance
Aucune obligation.

A 4 Livraison

Livrer la marchandise à bord du navire au port d'embarquement à la date ou dans le délai stipulés.

COÛT ET FRET
(... port de destination convenu)

▶ Le terme CFR exige que le vendeur dédouane la marchandise à l'exportation.
Ce terme ne peut être utilisé que pour le transport par mer et par voies navigables intérieures. Quand le bastingage du navire ne joue aucun rôle en pratique, comme dans le cas du transport roll on/roll off ou en conteneurs, il est préférable d'utiliser le terme CPT.

B ▶ L'ACHETEUR DOIT

B 1 Paiement du prix

Payer le prix comme prévu dans le contrat de vente.

B 2 Licences, autorisations et formalités

Obtenir à ses propres risques et frais toute licence d'importation ou autre autorisation officielle et accomplir toutes les formalités douanières pour l'importation de la marchandise et, si nécessaire, pour son transit par un pays tiers.

B 3 Contrat de transport

Aucune obligation.

B 4 Prise de livraison

Prendre livraison de la marchandise lorsqu'elle a été livrée conformément à A.4., et la réceptionner du transporteur au port de destination convenu.

COÛT ET FRET

A 5   Transfert des risques

Sous réserve des dispositions de B.5., supporter tous les risques de perte ou de dommage que peut courir la marchandise jusqu'au moment où elle a passé le bastingage du navire au port d'embarquement.

A 6   Répartition des frais

Sous réserve des dispositions de B.6. :

- payer tous les frais liés à la marchandise jusqu'au moment où elle a été livrée conformément à A.4., ainsi que le fret et tous les autres frais résultant de A.3.a), y compris les frais de chargement de la marchandise à bord et les charges pour le déchargement dans le port de débarquement qui pourraient être perçus par les lignes de navigation régulières quand elles concluent le contrat de transport;
- payer les frais des formalités douanières nécessaires à l'exportaiton ainsi que tous les droits, taxes ou autres charges exigibles du fait de l'exportation.

A 7   Avis donné à l'acheteur

Prévenir l'acheteur dans un délai suffisant que la marchandise a été livrée à bord du navire et lui donner toutes autres informations lui permettant de prendre les mesures normalement nécessaires à la réception de la marchandise.

B 5   Transfert des risques

Supporter tous les risques de perte ou de dommage que peut courir la marchandise à partir du moment où elle a passé le bastingage du navire au port d'embarquement.

S'il ne prévient pas le vendeur conformément à B.7., supporter tous les risques de perte ou de dommage que peut courir la marchandise à partir de la date convenue pour le chargement ou de la date d'expiration du délai fixé à cet effet, à condition cependant que la marchandise ait été dûment individualisée, c'est-à-dire nettement mise à part ou identifiée de toute autre façon comme étant la marchandise faisant l'objet du contrat.

B 6   Répartition des frais

Sous réserve des dispositions de A.3.a) payer tous les frais liés à la marchandise à partir du moment où elle a été livrée conformément à A.4. et, à moins que ces frais et charges n'aient été perçus par les lignes maritimes régulières quand elles ont conclu le contrat de transport, payer tous les frais et charges liés à la marchandise au cours de son transport jusqu'à son arrivée au port de destination ainsi que les frais de déchargement, y compris les frais d'allège et de mise à quai.

S'il ne prévient pas le vendeur conformément à B.7., payer tous les frais supplémentaires encourus de ce fait par la marchandise à partir de la date convenue ou de la date d'expiration du délai fixé à cet effet, à condition cependant que la marchandise ait été dûment individualisée, c'est-à-dire nettement mise à part ou identifiée de toute autre façon comme étant la marchandise faisant l'objet du contrat.

Payer tous les droits, taxes et autres charges officielles ainsi que les frais des formalités douanières exigibles du fait de l'importation de la marchandise et, si nécessaire, de son transit par un pays tiers.

B 7   Avis donné au vendeur

Lorsqu'il est en droit de déterminer la date d'embarquement de la marchandise et/ou le port de destination, prévenir le vendeur dans un délai suffisant.

COÛT ET FRET

A 8 Preuve de la livraison, document de transport ou données informatiques équivalentes

Sauf stipulation contraire, fournir à ses propres frais et sans délai à l'acheteur le document de transport d'usage pour le port de destination convenu.

Ce document (par ex. un connaissement négociable, une lettre de voiture maritime non négociable ou un connaissement fluvial) doit correspondre à la marchandise faisant l'objet du contrat, être daté dans le délai convenu pour l'embarquement, permettre à l'acheteur de réclamer la marchandise au transporteur à destination et, sauf convention contraire, permettre à l'acheteur de vendre la marchandise en transit par transfert du document à un acheteur ultérieur (connaissement négociable) ou par notification au transporteur.

Quand ce document de transport est émis en plusieurs exemplaires originaux, un jeu complet d'originaux doit être présenté à l'acheteur. Si le document de transport fait référence à une charte-partie, le vendeur doit également fournir un exemplaire de ce dernier document.

Lorsque le vendeur et l'acheteur ont convenus de communiquer électroniquement, le document mentionné aux paragraphes précédents peut être remplacé par un message d'échange de données informatiques (EDI) équivalent.

A 9 Vérification - emballage - marquage

Payer les frais des opérations de vérification (telles que contrôle de la qualité, mesurage, pesage, comptage) nécessaires à la livraison de la marchandise conformément à A.4.

Fournir à ses propres frais l'emballage nécessaire au transport de la marchandise tel que prévu par lui (sauf s'il est d'usage dans la profession de fournir sans emballage la marchandise décrite dans le contrat). L'emballage doit être marqué de façon appropriée.

A 10 Autres obligations

Prêter à l'acheteur, à la demande de ce dernier et à ses risques et frais, tout son concours pour obtenir tous documents ou données informatiques équivalentes (autres que ceux mentionnés à A.8.), émis ou transmis dans le pays d'expédition et/ou d'origine dont l'acheteur pourrait avoir besoin pour l'importation de la marchandise et, si nécessaire, pour son transit par un pays tiers.

Fournir à l'acheteur, à la demande de ce dernier, les informations nécessaires pour obtenir une assurance.

B 8   Preuve de la livraison, document de transport ou données informatiques équivalentes

Accepter le document de transport conformément à A.8., si il est conforme au contrat.

B 9   Inspection de la marchandise

Payer, sauf convention contraire, les frais d'inspection avant expédition, sauf si l'inspection a lieu sur ordre des pouvoirs publics du pays d'exportation.

B 10   Autres obligations

Payer la totalité des frais et charges encourus pour obtenir les documents ou données informatiques équivalentes mentionnés en A.10. et rembourser ceux encourus par le vendeur pour prêter son concours conformément à cet article.

COÛT, ASSURANCE ET FRET

(... port de destination convenu)

«Coût, assurance et fret» signifie que le vendeur a les mêmes obligations que selon le terme CFR mais qu'il doit, en outre, fournir une assurance maritime contre le risque, pour l'acheteur, de perte ou de dommage que peut courir la marchandise au cours du transport. Le vendeur contracte avec l'assureur et paie la prime d'assurance.
L'acheteur notera que selon ce terme, le vendeur n'est tenu de souscrire l'assurance que pour une couverture minimum. ▶

 LE VENDEUR DOIT

A 1   Fourniture de la marchandise conformément au contrat

Fournir la marchandise et la facture commerciale, ou des données informatiques équivalentes, conformément au contrat de vente, et toute autre attestation de conformité requise par le contrat.

A 2   Licences, autorisations et formalités

Obtenir à ses propres risques et frais toute licence d'exportation ou toute autre autorisation officielle et accomplir toutes les formalités douanières nécessaires à l'exportation de la marchandise.

A 3   Contrats de transport et d'assurance

a) Contrat de transport
Conclure à ses propres frais, aux conditions usuelles, un contrat pour le transport de la marchandise par la route habituelle jusqu'au port de destination convenu, par un navire de mer (ou un bateau fluvial) du type de celui normalement utilisé pour le transport de la marchandise décrite au contrat.

b) Contrat d'assurance
Obtenir à ses propres frais une assurance sur facultés souscrite conformément au contrat et à des conditions telles que l'acheteur ou toute autre personne ayant un intérêt assurable dans la marchandise soit en droit de présenter directement sa réclamation à l'assureur, et fournir à l'acheteur la police d'assurance ou toute autre preuve de la garantie.

L'assurance doit être contractée auprès d'un assureur ou d'une

COÛT, ASSURANCE ET FRET

(... port de destination convenu)

▶ Le terme CIF exige du vendeur qu'il dédouane la marchandise à l'exportation.
Ce terme ne peut être utilisé que pour le transport par mer et par voies navigables intérieures. Quand le bastingage du navire ne joue aucun rôle en pratique, comme dans le cas de transport roll on/roll off ou en conteneurs, il est préférable d'utiliser le terme CIP.

B ▶ L'ACHETEUR DOIT

B 1   Paiement du prix

Payer le prix comme prévu dans le contrat de vente.

B 2   Licences, autorisations et formalités

Obtenir à ses propres risques et frais toute licence d'importation ou toute autre autorisation officielle et accomplir toutes les formalités douanières pour l'importation de la marchandise et, si nécessaire, pour son transit par un pays tiers.

B 3   Contrat de transport

Aucune obligation.

compagnie d'assurance de bonne réputation et, sauf convention contraire expresse, être conforme à la garantie minimum des clauses sur facultés de l'Institute of London Underwriters ou de toute autre série de clauses similaires. La durée de la garantie sera conforme à B.5. et B.4. A la demande de l'acheteur, le vendeur doit fournir aux frais de ce dernier une assurance contre les risques de guerre, grèves, émeutes et mouvements populaires, s'il est possible de l'obtenir. L'assurance doit couvrir au minimum le prix prévu au contrat majoré de 10% (soit 110%) et doit être libellée dans la monnaie du contrat.

A 4   Livraison

Livrer la marchandise à bord du navire au port d'embarquement et à la date ou dans le délai stipulés.

A 5   Transfert des risques

Sous réserve des dispositions de B.5., supporter tous les risques de perte ou de dommage que peut courir la marchandise jusqu'au moment où elle a passé le bastingage du navire au port d'embarquement.

A 6   Répartition des frais

Sous réserve des dispositions de B.6. :
- payer tous les frais liés à la marchandise jusqu'au moment où elle a été livrée conformément à A.4., ainsi que le fret et tous les autres frais résultant de A.3., y compris les frais de chargement de la marchandise à bord et les charges pour le déchargement dans le port de débarquement qui pourraient être perçus par les lignes de navigation régulières quand elles cloncluent le contrat de transport;
- payer les frais des formalités douanières nécessaires à l'exportation ainsi que tous les droits, taxes ou autres charges exigibles du fait de l'exportation.

COÛT, ASSURANCE ET FRET

B 4 Prise de livraison

Prendre livraison de la marchandise lorsqu'elle a été livrée conformément à A.4., et la réceptionner du transporteur au port destination convenu.

B 5 Transfert des risques

Supporter tous les risques de perte ou de dommage que peut courir la marchandise à partir du moment où elle a passé le bastingage du navire au port d'embarquement.

S'il ne prévient pas le vendeur conformément à B.7., supporter tous les risques de perte et de dommage que peut courir la marchandise à partir de la date convenue pour le chargement ou de la date d'expiration du délai fixé à cet effet, à condition cependant que la marchandise ait été dûment individualisée, c'est-à-dire nettement mise à part ou identifiée de toute autre façon comme étant la marchandise faisant l'objet du contrat.

B 6 Répartition des frais

Sous réserve des dispositions de A.3. payer tous les frais liés à la marchandise à partir du moment où elle a été livrée conformément à A.4. et, à moins que ces frais et charges n'aient été perçus par les lignes maritimes régulières quand elles concluent le contrat de transport, payer tous les frais et charges liés à la marchandise au cours de son transport jusqu'à son arrivée au port de destination ainsi que les frais de déchargement y compris les frais d'allège et de mise à quai.

S'il ne prévient pas le vendeur conformément à B.7., payer tous les frais supplémentaires encourus de ce fait par la marchandise à partir de la date convenue pour le chargement ou de la date d'expiration du délai fixé à cet effet, à condition cependant que la marchandise ait été dûment individualisée, c'est-à-dire nettement mise à part ou identifiée de toute autre façon comme étant la marchandise faisant l'objet du contrat.

Payer tous les droits, taxes et autres charges officielles ainsi

CIF

COÛT, ASSURANCE ET FRET

A 7   Avis donné à l'acheteur

Prévenir l'acheteur dans un délai suffisant que la marchandise a été chargée à bord du navire et lui donner toutes autres informations lui permettant de prendre les mesures normalement nécessaires à la réception de la marchandise.

A 8   Preuve de la livraison, document de transport ou données informatiques équivalentes

Sauf stipulation contraire, fournir à ses propres frais et sans délai à l'acheteur le document de transport d'usage pour le port de destination convenu.

Ce document (par ex. un connaissement négociable, une lettre de voiture maritime non négociable ou un connaissement fluvial) doit correspondre à la marchandise faisant l'objet du contrat, être daté dans le délai convenu pour l'embarquement, permettre à l'acheteur de réclamer la marchandise au transporteur à destination et, sauf convention contraire, permettre à l'acheteur de vendre la marchandise en transit par transfert du document à un acheteur ultérieur (connaissement négociable) ou par notification au transporteur.

Quand ce document de transport est émis en plusieurs exemplaires originaux, un jeu complet d'originaux doit être présenté à l'acheteur. Si le document de transport fait référence à une charte-partie, le vendeur doit également fournir un exemplaire de ce dernier document.

Lorsque le vendeur et l'acheteur ont convenus de communiquer électroniquement, le document mentionné aux paragraphes précédents peut être remplacé par un message d'échange de données informatiques (EDI) équivalent.

A 9   Vérification - emballage - marquage

Payer les frais des opérations de vérification (telles que contrôle de la qualité, mesurage, pesage, comptage) nécessaires à la livraison de la marchandise conformément à A.4.

Fournir à ses propres frais l'emballage nécessaire au transport de la marchandise tel que prévu par lui (sauf s'il est d'usage dans la profession de fournir sans emballage la marchandise décrite dans le contrat). L'emballage doit être marqué de façon appropriée.

que les frais des formalités douanières exigibles du fait de l'importation de la marchandise et, si nécessaire, de son transit par un pays tiers.

B 7   Avis donné au vendeur

Lorsqu'il est en droit de déterminer la date d'embarquement de la marchandise et/ou le port de destination, prévenir le vendeur dans un délai suffisant.

B 8   Preuve de la livraison, document de transport ou données informatiques équivalentes

Accepter le document de transport conformément à A.8., si il est conforme au contrat.

B 9   Inspection de la marchandise

Payer, sauf convention contraire, les frais d'inspection avant expédition, sauf si l'inspection a lieu sur ordre des pouvoirs publics du pays d'exportation.

COÛT, ASSURANCE
ET FRET

A **10**   Autres obligations

Prêter à l'acheteur, à la demande de ce dernier et à ses risques et frais, tout son concours pour obtenir tous documents ou données informatiques équivalentes (autres que ceux mentionnés en A.8.), émis ou transmis dans le pays d'expédition et/ou d'origine dont l'acheteur pourrait avoir besoin pour l'importation de la marchandise et, si nécessaire, pour son transit par un pays tiers.

COÛT, ASSURANCE ET FRET

B 10 Autres obligations

Payer la totalité des frais et charges encourus pour obtenir les documents ou données informatiques équivalentes mentionnés en A.10. et rembourser ceux encourus par le vendeur pour prêter son concours conformément à cet article.

Fournir au vendeur à la demande de ce dernier les informations nécessaires pour obtenir une assurance.

PORT PAYE JUSQU'A
(... lieu de destination convenu)

«Port payé jusqu'à...» signifie que le vendeur paie le fret pour le transport de la marchandise jusqu'à la destination convenue. Le risque de perte ou de dommage que peut courir la marchandise, ainsi que le risque de frais supplémentaires nés d'événements intervenant après que la marchandise ait été livrée au transporteur, est transféré du vendeur à l'acheteur quand la marchandise est remise au transporteur.

«Transporteur» désigne toute personne qui, aux termes d'un contrat de transport, s'engage à effectuer ou à faire effectuer un transport par rail, route, mer, air, voies navi- ▶

 LE VENDEUR DOIT

A 1 Fourniture de la marchandise conformément au contrat

Fournir la marchandise et la facture commerciale, ou des données informatiques équivalentes, conformément au contrat de vente, et toute autre attestation de conformité requise par le contrat.

A 2 Licences, autorisations et formalités

Obtenir à ses propres risques et frais toute licence d'exportation ou autre autorisation officielle et accomplir toutes les formalités douanières nécessaires à l'exportation de la marchandise.

A 3 Contrats de transport et d'assurance

a) Contrat de transport
Conclure à ses propres frais, aux conditions usuelles, un contrat pour le transport de la marchandise, par la route habituelle et selon les usages, jusqu'au point convenu au lieu de destination convenu. Si aucun point n'est convenu ou déterminé par l'usage, le vendeur peut choisir le point qui lui convient le mieux au lieu de destination convenu.

b) Contrat d'assurance
Aucune obligation.

A 4 Livraison

Livrer la marchandise au transporteur ou, s'il y a des

PORT PAYE JUSQU'A
(... lieu de destination convenu)

▶ gables intérieures ou une combinaison de ces divers modes. Si des transporteurs successifs sont utilisés pour le transport de la marchandise jusqu'à la destination convenue, le risque est transféré lorsque la marchandise est remise au premier transporteur.

Le terme CPT exige que le vendeur dédouane la marchandise à l'exportation.

Ce terme peut être utilisé quel que soit le mode de transport y compris le transport multimodal.

B ▶ L'ACHETEUR DOIT

B 1 Paiement du prix

Payer le prix comme prévu dans le contrat de vente.

B 2 Licences, autorisations et formalités

Obtenir à ses propres risques et frais toute licence d'importation ou toute autre autorisation officielle et accomplir toutes les formalités douanières pour l'importation de la marchandise et, si nécessaire, pour son transit par un pays tiers.

B 3 Contrat de transport

Aucune obligation.

B 4 Prise de livraison

Prendre livraison de la marchandise lorsqu'elle a été livrée

transporteurs successifs, au premier transporteur, à la date ou dans le délai stipulés en vue de son transport jusqu'au lieu de destination convenu.

A 5   Transfert des risques

Sous réserve des dispositions de B.5., supporter tous les risques de perte ou de dommage que peut courir la marchandise jusqu'au moment où elle a été livrée conformément à A.4.

A 6   Répartition des frais

Sous réserve des dispositions de B.6. :
- payer tous les frais liés à la marchandise jusqu'au moment où elle a été livrée conformément à A.4., ainsi que le fret et tous les autres frais résultant de A.3.a), y compris les frais résultant du chargement de la marchandise et toutes les charges pour son déchargement au lieu de destination qui peuvent être compris dans le fret ou encourus par le vendeur quand il conclut le contrat de transport ;
- payer les frais des formalités douanières nécessaires à l'exportation ainsi que tous les droits, taxes ou autres charges officielles exigibles du fait de l'exportation.

A 7   Avis donné à l'acheteur

Prévenir l'acheteur dans un délai suffisant que la marchandise a été livrée conformément à A.4. et lui donner toutes les autres informations lui permettant de prendre les mesures normalement nécessaires à la réception de la' marchandise.

conformément à A.4., et la réceptionner du transporteur au lieu de destination convenu.

B 5   Transfert des risques

Supporter tous les risques de perte ou de dommage que peut courir la marchandise à partir du moment où elle a été livrée conformément à A.4.

S'il ne prévient pas le vendeur conformément à B.7, supporter tous les risques que peut courir la marchandise à partir de la date convenue pour prendre livraison ou de la date d'expiration du délai fixé à cet effet, à condition cependant que la marchandise ait été dûment individualisée, c'est-à-dire nettement mise à part ou identifiée de toute autre façon comme étant la marchandise faisant l'objet du contrat.

B 6   Répartition des frais

Sous réserve des dispositions de A.3.a) payer tous les frais liés à la marchandise à partir du moment où elle a été livrée conformément à A.4. et, à moins que ces frais et charges n'aient été inclus dans le fret ou encourus par le vendeur pour conclure le contrat de transport conformément à A.3.a), payer tous les frais et charges liés à la marchandise au cours de son transport, jusqu'à son arrivée au point de destination convenu, ainsi que les frais de déchargement.

S'il ne prévient pas le vendeur conformément à B.7., supporter les frais supplémentaires encourus de ce fait par la marchandise à partir de la date convenue pour l'expédition ou de la date d'expiration du délai fixé à cet effet, à condition cependant que la marchandise ait été dûment individualisée, c'est-à-dire nettement mise à part ou identifiée de toute autre façon comme étant la marchandise faisant l'objet du contrat.

Payer tous les droits, taxes et autres charges officielles ainsi que les frais des formalités douanières exigibles du fait de l'importation de la marchandise et, si nécessaire, de son transit par un pays tiers.

B 7   Avis donné au vendeur

Lorsqu'il est en droit de déterminer la date d'expédition de la marchandise et/ou la destination, prévenir le vendeur dans un délai suffisant.

A 8 Preuve de la livraison, document de transport ou données informatiques équivalentes

Fournir à l'acheteur, au frais du vendeur, si c'est l'usage, le document de transport habituel (p. ex. un connaissement négociable, une lettre de transport maritime non négociable, une lettre de transport aérien, une lettre de voiture « rail », une lettre de voiture « route », un connaissement fluvial ou un document de transport multimodal).

Lorsque le vendeur et l'acheteur ont convenus de communiquer électroniquement, le document mentionné au paragraphe précédent peut être remplacé par un message d'échange de données informatiques (EDI) équivalent.

A 9 Vérification - emballage - marquage

Payer les frais des opérations de vérification (telles que contrôle de la qualité, mesurage, pesage, comptage) nécessaires à la livraison de la marchandise conformément à A.4.

Fournir à ses propres frais l'emballage nécessaire au transport de la marchandise tel que prévu par le vendeur (sauf s'il est d'usage dans la profession de fournir sans emballage la marchandise décrite dans le contrat). L'emballage doit être marqué de façon appropriée.

A 10 Autres obligations

Prêter à l'acheteur, à la demande de ce dernier et à ses risques et frais, tout son concours pour obtenir tous documents ou données informatiques équivalentes (autres que ceux mentionnés en A.8.), émis ou transmis dans le pays d'expédition et/ou d'origine et dont l'acheteur pourrait avoir besoin pour l'importation de la marchandise et, si nécessaire, pour son transit par un pays tiers.

Fournir à l'acheteur, à la demande de ce dernier, les informations nécessaires pour obtenir une assurance.

B 8   **Preuve de la livraison, document de transport ou données informatiques équivalentes**

Accepter le document de transport conformément à A.8., si il est conforme au contrat.

B 9   Inspection de la marchandise

Payer, sauf convention contraire, les frais d'inspection avant expédition, sauf si l'inspection a lieu sur ordre des pouvoirs publics du pays d'exportation.

B 10   Autres obligations

Payer la totalité des frais et charges encourus pour obtenir les documents ou données informatiques équivalentes mentionnés en A.10. et rembourser ceux encourus par le vendeur pour prêter son concours conformément à cet article.

PORT PAYE, ASSURANCE COMPRISE, JUSQU'A

(... point de destination convenu)

«Port payé, assurance comprise, jusqu'à...» signifie que le vendeur a les mêmes obligations que selon le terme CPT, mais qu'il doit en outre fournir une assurance sur facultés contre le risque, pour l'acheteur, de perte ou de dommage que peut courir la marchandise au cours du transport. Le vendeur contracte l'assurance et paie la prime d'assurance.▶

A▶ LE VENDEUR DOIT

A 1   Fourniture de la marchandise conformément au contrat

Fournir la marchandise et la facture commerciale, ou des données informatiques équivalentes, conformément au contrat de vente, et toute autre attestation de conformité requise par le contrat.

A 2   Licences, autorisations et formalités

Obtenir à ses propres risques et frais toute licence d'exportation ou toute autre autorisation officielle et accomplir toutes les formalités douanières nécessaires à l'exportation de la marchandise.

A 3   Contrats de transport et d'assurance

a) Contrat de transport
Conclure à ses propres frais, aux conditions usuelles, un contrat pour le transport de la marchandise, par la route habituelle et selon les usages, jusqu'au point convenu au lieu de destination désigné. Si aucun point n'est convenu ou déterminé par l'usage, le vendeur peut choisir le point qui lui convient le mieux au lieu de destination convenu.

b) Contrat d'assurance
Obtenir à ses propres frais une assurance sur facultés souscrite conformément au contrat et à des conditions telles que l'acheteur ou toute autre personne ayant un intérêt assurable dans la marchandise soit en droit de présenter directement sa réclamation à l'assureur, et fournir à l'acheteur la police d'assurance ou toute autre preuve de la garantie.

L'assurance doit être contractée auprès d'un assureur ou d'une compagnie d'assurances de bonne réputation et, sauf stipula-

PORT PAYE, ASSURANCE COMPRISE, JUSQU'A
(... point de destination convenu)

▶ L'acheteur notera que, selon ce terme, le vendeur n'est tenu de souscrire l'assurance que pour une couverture minimum. Le terme CIP exige que le vendeur dédouane la marchandise à l'exportation.
Ce terme peut être utilisé quel que soit le mode de transport, y compris le transport multimodal.

B▶ L'ACHETEUR DOIT

B 1   Paiement du prix

Payer le prix comme prévu dans le contrat de vente.

B 2   Licences, autorisations et formalités

Obtenir à ses propres risques et frais toute licence d'importation ou autre autorisation officielle et accomplir toutes les formalités douanières pour l'importation de la marchandise et, si nécessaire, pour son transit par un pays tiers.

B 3   Contrat de transport
Aucune obligation.

tion contraire expresse, être conforme à la garantie minimum des clauses sur facultés de l'Institute of London Underwriters ou de toute autre série de clauses similaires. La durée de la garantie sera conforme à B.5. et B.4. A la demande de l'acheteur, le vendeur doit fournir aux frais de ce dernier une assurance contre les risques de guerre, grèves, émeutes et mouvements populaires, s'il est possible de l'obtenir. L'assurance doit couvrir au minimum le prix prévu au contrat majoré de 10 % (soit 110 %) et doit être libellée dans la monnaie du contrat.

A 4   Livraison

Livrer la marchandise au transporteur ou, s'il y a des transporteurs successifs, au premier transporteur, à la date ou dans le délai stipulés en vue de son transport jusqu'au lieu de destination convenu.

A 5   Transfert des risques

Sous réserve des dispositions de B.5., supporter tous les risques de perte ou de dommage que peut courir la marchandise jusqu'au moment où elle a été livrée conformément à A.4.

A 6   Répartition des frais

Sous réserve des dispositions de B.6. :
- payer tous les frais liés à la marchandise jusqu'au moment où elle a été livrée conformément à A.4., ainsi que le fret et tous les autres frais résultant de A.3., y compris les frais résultant du chargement de la marchandise et toutes les charges pour son déchargement au lieu de destination qui peuvent être compris dans le fret ou encourus par le vendeur quand il conclut le contrat de transport ;
- payer les frais des formalités douanières nécessaires à l'exportation ainsi que tous les droits, taxes et autres charges officielles exigibles du fait de l'exportation.

PORT PAYE, ASSURANCE COMPRISE, JUSQU'A

B 4   Prise de livraison

Prendre livraison de la marchandise lorsqu'elle a été livrée conformément à A.4., et la réceptionner du transporteur au lieu de destination convenu.

B 5   Transfert des risques

Supporter tous les risques de perte et de dommage que peut courir la marchandise à partir du moment où elle a été livrée conformément à A.4.

S'il ne prévient pas le vendeur conformément à B.7., supporter tous les risques que peut courir la marchandise à partir de la date convenue pour prendre livraison ou de la date d'expiration du délai fixé à cet effet, à condition cependant que la marchandise ait été dûment individualisée, c'est-à-dire nettement mise à part ou identifiée de toute autre façon comme étant la marchandise faisant l'objet du contrat.

B 6   Répartition des frais

Sous réserve des dispositions de A.3., payer tous les frais liés à la marchandise à partir du moment où elle a été livrée conformément à A.4. et, à moins que ces frais et charges n'aient été inclus dans le fret ou encourus par le vendeur pour conclure le contrat de transport conformément à A.3. a), payer tous les frais et charges liés à la marchandise au cours de son transport, jusqu'à son arrivée au point de destination convenu, ainsi que les frais de déchargement.

S'il ne prévient pas le vendeur conformément à B.7., supporter les frais supplémentaires encourus de ce fait par la marchandise à partir de la date convenue pour l'expédition ou de la date d'expiration du délai fixé à cet effet, à condition cependant que la marchandise ait été dûment individualisée, c'est-à-dire

PORT PAYE, ASSURANCE COMPRISE, JUSQU'A

A 7   Avis donné à l'acheteur

Prévenir l'acheteur dans un délai suffisant que la marchandise a été livrée conformément à A.4. et lui donner toutes les autres informations lui permettant de prendre les mesures normalement nécessaires à la réception de la marchandise.

A 8   Preuve de la livraison, document de transport ou données informatiques équivalentes

Fournir à l'acheteur, aux frais du vendeur, si c'est l'usage, le document de transport habituel (par exemple un connaissement négociable, une lettre de transport maritime non négociable, une lettre de transport aérien, une lettre de voiture «rail», une lettre de voiture «route», un connaissement fluvial ou un document de transport multimodal).

Lorsque le vendeur et l'acheteur ont convenus de communiquer électroniquement, le document mentionné au paragraphe précédent peut être remplacé par un message d'échange de données informatiques (EDI) équivalent.

A 9   Vérification - emballage - marquage

Payer les frais des opérations de vérification (telles que contrôle de la qualité, mesurage, pesage, comptage) nécessaires à la livraison de la marchandise, conformément à A.4.

Fournir à ses propres frais l'emballage nécessaire au transport de la marchandise tel que prévu par lui (sauf s'il est d'usage dans la profession de fournir sans emballage la marchandise décrite dans le contrat). L'emballage doit être marqué de façon appropriée.

A 10   Autres obligations

Prêter à l'acheteur, à la demande de ce dernier et à ses risques et frais, tout son concours pour obtenir tous documents ou données informatiques équivalentes (autres que ceux mentionnés en A.8.), émis ou transmis dans le pays d'expédition et/ou d'origine et dont l'acheteur pourrait avoir besoin pour l'importation de la marchandise et, si nécessaire, pour son transit par un pays tiers.

nettement mise à part ou identifiée de toute autre façon comme étant la marchandise faisant l'objet du contrat.

Payer tous les droits, taxes et autres charges officielles ainsi que les frais des formalités douanières exigibles du fait de l'importation de la marchandise et, si nécessaire, de son transit par un pays tiers.

B 7   Avis donné au vendeur

Lorsqu'il est en droit de déterminer la date d'expédition de la marchandise et/ou la destination, prévenir le vendeur dans un délai suffisant.

B 8   Preuve de la livraison, document de transport ou données informatiques équivalentes

Accepter le document de transport conformément à A.8., s'il est conforme au contrat.

B 9   Inspection de la marchandise

Payer, sauf convention contraire, les frais d'inspection avant expédition, sauf si l'inspection a lieu sur ordre des pouvoirs publics du pays d'exportation.

B 10   Autres obligations

Payer la totalité des frais et charges encourus pour obtenir les documents ou données informatiques équivalentes mentionnés en A.10. et rembourser ceux encourus par le vendeur pour prêter son concours conformément à cet article.

Fournir au vendeur, à la demande de ce dernier, les informations nécessaires pour obtenir une assurance.

RENDU FRONTIERE
(... lieu convenu)

«Rendu frontière» signifie que le vendeur a rempli son obligation de livraison quand la marchandise a été livrée, dédouanée à l'exportation, au point et lieu convenus à la frontière, mais avant la frontière douanière du pays adjacent. Le terme «frontière» peut être utilisé pour toute frontière, y compris celle du pays d'exportation. Il est donc essentiel ▶

 LE VENDEUR DOIT

A 1   Fourniture de la marchandise conformément au contrat

Fournir la marchandise et la facture commerciale, ou des données informatiques équivalentes, conformément au contrat de vente, et toute autre attestation de conformité requise par le contrat.

A 2   Licences, autorisations et formalités

Obtenir à ses propres risques et frais toute licence d'exportation, ou autre autorisation officielle ou tout autre document nécessaire pour mettre la marchandise à la disposition de l'acheteur. Accomplir toutes les formalités douanières pour l'exportation de la marchandise au lieu de livraison convenu à la frontière et, si nécessaire, pour son transit préalable par un pays tiers.

A 3   Contrats de transport et d'assurance

a) Contrat de transport
Conclure à ses propres frais un contrat pour le transport de la marchandise, par l'itinéraire habituel et selon les usages, jusqu'au point convenu au lieu de livraison à la frontière (y compris, si nécessaire, pour son transit par un pays tiers).
Si aucun point n'a été stipulé ou déterminé par l'usage au lieu de livraison convenu à la frontière, le vendeur peut choisir le point qui lui convient le mieux au lieu de livraison convenu.

b) Contrat d'assurance
Aucune obligation.

RENDU FRONTIERE

(... lieu convenu)

▶de toujours définir la frontière en question en précisant le point et le lieu dans le terme.
Ce terme est principalement conçu pour être utilisé lorsque la marchandise doit être transportée par rail ou par route, mais il peut être utilisé quel que soit le mode de transport.

B ▶ L'ACHETEUR DOIT

B 1   Paiement du prix

Payer le prix comme prévu dans le contrat de vente.

B 2   Licences, autorisations et formalités

Obtenir à ses propres risques et frais toute licence d'importation ou toute autre autorisation officielle et accomplir toutes les formalités douanières au point convenu de livraison à la frontière ou ailleurs pour l'importation de la marchandise et, si nécessaire, pour son transport ultérieur.

B 3   Contrat de transport

Aucune obligation.

RENDU FRONTIERE

A 4   Livraison

Mettre la marchandise à la disposition de l'acheteur au lieu de livraison convenu à la frontière, à la date ou dans le délai stipulés.

A 5   Transfert des risques

Sous réserve des dispositions de B.5., supporter tous les risques de perte ou de dommage que peut courir la marchandise jusqu'au moment où elle a été livrée conformément à A.4.

A 6   Répartition des frais

Sous réserve des dispositions de B.6. :
- payer tous les frais liés à la marchandise jusqu'au moment où elle a été livrée conformément à A.4., en plus des frais résultant de A.3.a), ainsi que les frais des opérations de déchargement (y compris les frais de chargement sur allège et de manutention), s'il est nécessaire ou d'usage que la marchandise soit déchargée à son arrivée au lieu de livraison convenu à la frontière pour être mise à disposition de l'acheteur;
- payer les frais des formalités douanières nécessaires à l'exportation ainsi que les droits, taxes ou autres charges officielles exigibles du fait de l'exportation de la marchandise et, si nécessaire, de son transit par un pays tiers avant la livraison conformément à A.4.

A 7   Avis donné à l'acheteur

Prévenir l'acheteur dans un délai suffisant de l'expédition de la marchandise au lieu désigné à la frontière et lui donner toutes autres informations lui permettant de prendre les mesures normalement nécessaires à la réception de la marchandise.

B 4   Prise de livraison

Prendre livraison de la marchandise dès qu'elle a été mise à sa disposition conformément à A.4.

B 5   Transfert des risques

Supporter tous les risques de perte et de dommage que peut courir la marchandise à partir du moment où elle a été mise à sa disposition conformément à A.4.

S'il ne prévient pas le vendeur conformément à B.7., supporter tous les risques de perte ou de dommage que peut courir la marchandise à partir de la date convenue pour prendre livraison ou de la date d'expiration du délai fixé à cet effet, à condition cependant que la marchandise ait été dûment individualisée, c'est-à-dire nettement mise à part ou identifiée de toute autre façon comme étant la marchandise faisant l'objet du contrat.

B 6   Répartition des frais

Payer tous les frais liés à la marchandise à partir du moment où elle est mise à sa disposition conformément à A.4.

S'il ne prend pas livraison de la marchandise quand elle a été mise à sa disposition conformément à A.4. ou s'il ne prévient pas le vendeur conformément à B.7., payer tous les frais supplémentaires encourus de ce fait, à condition cependant que la marchandise ait été dûment individualisée, c'est-à-dire nettement mise à part ou identifiée de toute autre façon comme étant la marchandise faisant l'objet du contrat.

Payer tous les droits, taxes et autres charges officielles exigibles du fait de l'importation de la marchandise et, si nécessaire, de son transport ultérieur.

B 7   Avis donné au vendeur

Lorsqu'il est en droit de déterminer la date dans le délai stipulé et/ou le lieu de livraison, prévenir le vendeur dans un délai suffisant.

RENDU FRONTIERE

A 8 **Preuve de la livraison, document de transport ou données informatiques équivalentes**

Fournir à l'acheteur, aux frais du vendeur, si c'est l'usage, le document habituel ou toute autre preuve de la livraison de la marchandise au lieu convenu à la frontière.

Fournir à l'acheteur, à la demande de ce dernier et à ses risques et frais, un document de transport direct normalement obtenu dans le pays d'expédition pour le transport de la marchandise aux conditions usuelles, du point de départ dans ce pays jusqu'au lieu de destination finale dans le pays d'importation désigné par l'acheteur.

Lorsque le vendeur et l'acheteur ont convenus de communiquer électroniquement, le document mentionné au paragraphe précédent peut être remplacé par un message d'échange de données informatiques (EDI) équivalent.

A 9 **Vérification - emballage - marquage**

Payer les frais des opérations de vérification (telles que contrôle de la qualité, mesurage, pesage, comptage) nécessaires à la livraison de la marchandise, conformément à A.4.

Fournir à ses propres frais l'emballage nécessaire à la livraison de la marchandise à la frontière et à son transport ultérieur (sauf s'il est d'usage dans la profession de fournir sans emballage la marchandise décrite dans le contrat) dans la mesure où les conditions de transport (e.g. modalités, destination) sont communiquées au vendeur avant la conclusion du contrat de vente. L'emballage doit être marqué de façon appropriée.

A 10 **Autres obligations**

Prêter à l'acheteur, à la demande de ce dernier et à ses risques et frais, tout son concours pour obtenir tous documents ou données informatiques équivalentes (autres que ceux mentionnés en A.8.), émis ou transmis dans le pays d'expédition et/ou d'origine dont l'acheteur pourrait avoir besoin pour l'importation de la marchandise et, si nécessaire, pour son transit par un pays tiers.

Fournir à l'acheteur, à la demande de ce dernier, les informations nécessaires pour obtenir une assurance.

B 8   Preuve de la livraison, document de transport ou données informatiques équivalentes

Accepter le document de transport et/ou une autre preuve de la livraison, conformément à A.8.

B 9   Inspection de la marchandise

Payer, sauf convention contraire, les frais d'inspection avant expédition, sauf si l'inspection a lieu sur ordre des pouvoirs publics du pays d'exportation.

B 10   Autres obligations

Payer la totalité des frais et charges encourus pour obtenir les docu-
ments ou données informatiques équivalentes mentionnés en A.10. et rembourser ceux encourus par le vendeur pour prêter son concours conformément à cet article.

Si nécessaire, fournir au vendeur, à la demande de ce dernier et aux risques et frais de l'acheteur, les autorisation relatives au contrôle des changes, permis, autres documents ou copies certifiées conformes de ces documents, ou l'adresse de la destination finale de la marchandise dans le pays d'importation, afin d'obtenir le document de transport direct ou tout autre document visé en A.8.

DES

RENDU EX SHIP

(... port de destination convenu)

«Rendu ex ship» signifie que le vendeur a rempli son obligation de livraison quand la marchandise, non dédouanée à l'importation, est mise à la disposition de l'acheteur à bord du navire au port de destination convenu. Le vendeur doit supporter tous les frais et risques inhérents à l'ache- ▶

A ▶ LE VENDEUR DOIT

A 1 Fourniture de la marchandise conformément au contrat

Fournir la marchandise et la facture commerciale, ou des données informatiques équivalentes, conformément au contrat de vente, et toute autre attestation de conformité requise par le contrat.

A 2 Licences, autorisations et formalités

Obtenir à ses propres risques et frais toute licence d'exportation ou autre autorisation officielle et accomplir toutes les formalités douanières nécessaires à l'exportation de la marchandise et, si nécessaire, son transit par un pays tiers.

A 3 Contrats de transport et d'assurance

a) Contrat de transport
Conclure à ses propres frais, aux conditions usuelles, un contrat pour le transport de la marchandise, par la route habituelle et selon les usages, jusqu'au point convenu au port de destination convenu. Si aucun point n'est convenu ou déterminé par l'usage, le vendeur peut choisir le point qui lui convient le mieux au port de destination convenu.

b) Contrat d'assurance
Aucune obligation.

A 4 Livraison

Mettre la marchandise, non dédouanée à l'importation, à la disposition de l'acheteur à bord du navire au point de déchargement usuel du port de destination désigné à la date ou dans le délai stipulés dans le contrat de vente, de façon à permettre son enlèvement du navire par les moyens de déchargement appropriés à la nature de la marchandise.

RENDU EX SHIP
(... port de destination convenu)

▶ minement de la marchandise jusqu'au port de destination convenu.
Ce terme ne peut être utilisé que pour le transport par mer et par voies navigables intérieures.

B▶ L'ACHETEUR DOIT

B 1 Paiement du prix

Payer le prix comme prévu dans le contrat de vente.

B 2 Licences, autorisations et formalités

Obtenir à ses propres risques et frais toute licence d'importation ou toute autre autorisation officielle et accomplir toutes les formalités douanières nécessaires à l'importation de la marchandise.

B 3 Contrat de transport

Aucune obligation.

B 4 Prise de livraison

Prendre livraison de la marchandise dès qu'elle est mise à sa disposition conformément à A.4.

A 5   Transfert des risques

Sous réserve des dispositions de B.5., supporter tous les risques de perte ou de dommage que peut courir la marchandise jusqu'au moment où elle a été livrée conformément à A.4.

A 6   Répartition des frais

Sous réserve des dispositions de B.6. :
- en plus des frais résultant de A.3.a), payer tous les frais liés à la marchandise jusqu'au moment où elle est a été livrée conformément à A.4.;
- payer les frais des formalités douanières nécessaires à l'exportation ainsi que tous les droits, taxes et autres charges officielles exigibles du fait de l'exportation de la marchandise et, si nécessaire, de son transit par un pays tiers avant la livraison conformément à A.4.

A 7   Avis donné à l'acheteur

Prévenir l'acheteur dans un délai suffisant du moment d'arrivée probable du navire désigné conformément à A.4. et lui donner toutes autres informations lui permettant de prendre les mesures normalement nécessaires à la réception de la marchandise.

A 8   Preuve de la livraison, document de transport ou données informatiques équivalentes

Fournir à l'acheteur, aux frais du vendeur, le bon de livraison et/ou le document de transport d'usage (p. ex. un connaissement négociable, une lettre de transport maritime non négociable, un connaissement fluvial, ou un document de transport multimodal) qui permettra à l'acheteur de prendre livraison de la marchandise.

Lorsque le vendeur et l'acheteur ont convenus de communiquer électroniquement, le document mentionné au paragraphe précédent peut être remplacé par un message d'échange de données informatiques (EDI) équivalent.

B 5   Transfert des risques

Supporter tous les risques de perte ou de dommage que peut courir la marchandise à partir du moment où elle a été mise à sa disposition conformément à A.4.

S'il ne prévient pas le vendeur conformément à B.7., supporter tous les risques de perte et de dommage que peut courir la marchandise à partir de la date convenue pour prendre livraison ou de la date d'expiration du délai fixé à cet effet, à condition cependant que la marchandise ait été dûment individualisée, c'est-à-dire nettement mise à part ou identifiée de toute autre façon comme étant la marchandise faisant l'objet du contrat.

B 6   Répartition des frais

Payer tous les frais liés à la marchandise, y compris le déchargement à partir du moment où elle a été mise à sa disposition conformément à A.4.

S'il ne prend pas livraison de la marchandise quand elle a été mise à sa disposition conformément à A.4., ou s'il ne prévient pas le vendeur conformément à B.7., supporter tous les frais supplémentaires encourus de ce fait, à condition cependant que la marchandise ait été dûment individualisée, c'est-à-dire nettement mise à part ou identifiée de toute autre façon comme étant la marchandise faisant l'objet du contrat.

Payer tous les droits, taxes et autres charges officielles ainsi que les frais des formalités douanières exigibles du fait de l'importation de la marchandise.

B 7   Avis donné au vendeur

Lorsqu'il est en droit de déterminer la date dans un délai donné et/ou le lieu de livraison, prévenir le vendeur dans un délai suffisant.

B 8   Preuve de la livraison, document de transport ou données informatiques équivalentes

Accepter le bon de livraison ou le document de transport conformément à A.8.

A 9   Vérification - emballage - marquage

Payer les frais des opérations de vérification (telles que contrôle de la qualité, mesurage, pesage, comptage) nécessaires a la livraison de la marchandise, conformément à A.4.

Fournir à ses propres frais l'emballage nécessaire à la livraison de la marchandise (sauf s'il est d'usage dans la profession de fournir sans emballage la marchandise décrite au contrat). L'emballage doit être marqué de façon appropriée.

A 10   Autres obligations

Prêter à l'acheteur, à la demande de ce dernier et à ses risques et frais, tout son concours pour obtenir tous documents ou données informatiques équivalentes (autres que ceux mentionnés en A.8.), émis ou transmis dans le pays d'expédition et/ou d'origine et dont l'acheteur pourrait avoir besoin pour l'importation de la marchandise.

Fournir au vendeur, à la demande de ce dernier, les informations nécessaires pour obtenir une assurance.

B 9   Inspection de la marchandise

Payer, sauf convention contraire, les frais d'inspection avant expédition, sauf si l'inspection a lieu sur ordre des pouvoirs publics du pays d'exportation.

B 10   Autres obligations

Payer la totalité des frais et charges encourus pour obtenir les documents ou données informatiques équivalentes mentionnés en A.10. et rembourser ceux encourus par le vendeur pour prêter son concours conformément à cet article.

DEQ

RENDU A QUAI (DROITS ACQUITTÉS)
(... port de destination convenu)

« Rendu à quai (droits acquittés) » signifie que le vendeur a rempli son obligation de livraison quand il met la marchandise, dédouanée à l'importation, à la disposition de l'acheteur, sur le quai (débarcadère), au port de destination convenu. Le vendeur doit supporter tous les frais et risques inhérents à l'acheminement de la marchandise jusqu'à ce point.

Ce terme ne doit pas être utilisé si le vendeur ne peut obtenir directement ou indirectement la licence d'importation.

Si les parties souhaitent que l'acheteur dédouane la marchandise à l'importation et paie les droits, les mots ▶

A ▶ LE VENDEUR DOIT

A 1 Fourniture de la marchandise conformément au contrat

Fournir la marchandise et la facture commerciale, ou des données informatiques équivalentes, conformément au contrat de vente, et toute autre attestation de conformité requise par le contrat.

A 2 Licences, autorisations et formalités

Obtenir à ses propres risques et frais toute licence d'exportation et d'importation ou autre autorisation officielle et accomplir toutes les formalités douanières nécessaires à l'exportation et à l'importation de la marchandise et, si nécessaire, à son transit par un pays tiers.

A 3 Contrats de transport et d'assurance

a) Contrat de transport
Conclure à ses propres frais, aux conditions usuelles, le contrat pour le transport de la marchandise, par la route habituelle et selon les usages, jusqu'au quai du port de destination convenu. Si aucun point n'est convenu ou déterminé par l'usage, le vendeur peut choisir le point qui lui convient le mieux au port de destination convenu.

b) Contrat d'assurance
Aucune obligation.

RENDU A QUAI
(DROITS ACQUITTÉS)
(... port de destination convenu)

▶«droits non acquittés» doivent être utilisés au lieu de «droits acquittés».
Si les parties souhaitent exclure des obligations du vendeur certains des frais payables à l'importation de la marchandise (tels que la taxe sur la valeur ajoutée (TVA) cela doit être précisé en ajoutant un libellé à cet effet (par exemple «Rendu à quai, TVA et/ou taxes non acquittée (port de destination convenu)»).
Ce terme ne peut être utilisé que pour le transport par mer et par voies navigables intérieures.

B▶ L'ACHETEUR DOIT

B 1   Paiement du prix

Payer le prix comme prévu dans le contrat de vente.

B 2   Licences, autorisations et formalités

Prêter au vendeur, à la demande de ce dernier et à ses risques et frais tout son concours pour obtenir toute licence d'importation ou autres autorisations officielles pour l'importation de la marchandise.

B 3   Contrat de transport

Aucune obligation.

RENDU A QUAI (DROITS ACQUITTÉS)

A 4   Livraison

Mettre la marchandise à la disposition de l'acheteur sur le quai ou le débarcadère, au port de destination convenu et à la date ou dans le délai stipulés.

A 5   Transfert des risques

Sous réserve des dispositions de B.5., supporter tous les risques de perte ou de dommage que peut courir la marchandise jusqu'au moment où elle a été livrée conformément à A.4.

A 6   Répartition des frais

Sous réserve des dispositions de B.6. :
- en plus des frais résultant de A.3.a), payer tous les frais liés à la marchandise jusqu'au moment où elle a été livrée conformément à A.4.;
- payer, sauf convention contraire, les frais des formalités douanières ainsi que tous les droits, taxes et autres charges officielles exigibles du fait de l'exportation et de l'importation de la marchandise et, si nécessaire, de son transit par un pays tiers avant la livraison conformément à A.4.

A 7   Avis donné à l'acheteur

Prévenir l'acheteur dans un délai suffisant du moment d'arrivée probable du navire désigné, conformément à A.4. et lui donner toutes autres informations lui permettant de prendre les mesures normalement nécessaires à la réception de la marchandise.

RENDU A QUAI
(DROITS ACQUITTÉS)

B 4   Prise de livraison

Prendre livraison de la marchandise dès qu'elle a été mise a sa disposition conformément à A.4.

B 5   Transfert des risques

Supporter tous les risques de perte et de dommage que peut courir la marchandise à partir du moment où elle a été mise à sa disposition conformément à A.4.

S'il ne prévient pas le vendeur conformément à B.7., supporter tous les risques de perte et de dommage que peut courir la marchandise à partir de la date convenue pour prendre livraison ou de la date d'expiration du délai fixé à cet effet, à condition cependant que la marchandise ait été dûment individualisée, c'est-à-dire nettement mise à part ou identifiée de toute autre façon comme étant la marchandise faisant l'objet du contrat.

B 6   Répartition des frais

Payer tous les frais liés à la marchandise à partir du moment où elle a été mise à sa disposition conformément à A.4.
S'il ne prend pas livraison de la marchandise quand elle a été mise à sa disposition conformément à A.4. ou si il ne prévient pas le vendeur conformément à B.7., supporter tous les coûts supplémentaires encourus de ce fait, à condition cependant que la marchandise ait été dûment individualisée, c'est-à-dire nettement mise à part ou identifiée de toute autre façon comme étant la marchandise faisant l'objet du contrat.

B 7   Avis donné au vendeur

Lorsqu'il est en droit de déterminer la date dans un délai stipulé et/ou le lieu de livraison prévenir le vendeur dans un délai suffisant.

DEQ

RENDU A QUAI
(DROITS ACQUITTÉS)

A 8   Preuve de la livraison, document de transport ou données informatiques équivalentes

Fournir à l'acheteur aux frais du vendeur le bon de livraison et/ou le document de transport d'usage (p. ex. un connaissement négociable, une lettre de transport maritime non négociable, un connaissement fluvial, ou un document de transport multimodal) pour lui permettre de prendre livraison de la marchandise et de l'enlever du quai.

Lorsque le vendeur et l'acheteur ont convenus de communiquer électroniquement, le document mentionné au paragraphe précédent peut être remplacé par un message d'échange de données informatiques (EDI) équivalent.

A 9   Vérification - emballage - marquage

Payer les frais des opérations de vérification (telles que contrôle de la qualité, mesurage, pesage, comptage) nécessaires à la livraison de la marchandise, conformément à A.4.

Fournir à ses propres frais l'emballage nécessaire à la livraison de la marchandise (sauf s'il est d'usage dans la profession de fournir sans emballage la marchandise décrite au contrat). L'emballage doit être marqué de façon appropriée.

A 10   Autres obligations

Payer tous les frais et charges encourus pour obtenir les documents ou données informatiques équivalentes mentionnées à B.10. et rembourser ceux encourus par l'acheteur pour prêter son concours.

Fournir à l'acheteur, à la demande de ce dernier, les informations nécessaires pour obtenir une assurance.

RENDU A QUAI
(DROITS ACQUITTÉS)

B 8 **Preuve de la livraison, document de transport ou données informatiques équivalentes**

Accepter le bon de livraison ou le document de transport conformément à A.8.

B 9 Inspection de la marchandise

Payer, sauf convention contraire, les frais d'inspection avant expédition, sauf si l'inspection a lieu sur ordre des pouvoirs publics du pays d'exportation.

B 10 Autres obligations

Prêter au vendeur, à la demande de ce dernier et à ses risques et frais, tout son concours pour obtenir tous documents ou données informatiques équivalentes émis ou transmis dans le pays d'importation dont l'acheteur pourrait avoir besoin pour mettre la marchandise à la disposition de l'acheteur conformément à ces règles.

RENDU DROITS NON ACQUITTES

(... lieu de destination convenu)

«Rendu droits non acquittés» signifie que le vendeur a rempli son obligation de livraison quand la marchandise a été mise à disposition au lieu convenu dans le pays d'importation. Le vendeur doit supporter les frais et risques inhérents à l'acheminement de la marchandise jusqu'à ce lieu, (à l'exclusion des droits, taxes et autres charges officielles exigibles du fait de l'importation ainsi que les frais et risques liés à l'accomplissement des formalités douanières). L'acheteur doit payer les frais supplémentaires et supporter les risques résultant du fait qu'il n'a pas dédouané à temps la marchandise à l'importation. ▶

 LE VENDEUR DOIT

A 1 Fourniture de la marchandise conformément au contrat

Fournir la marchandise et la facture commerciale, ou des données informatiques équivalentes, conformément au contrat de vente, et toute autre attestation de conformité requise par le contrat de vente.

A 2 Licences, autorisations et formalités

Obtenir à ses propres risques et frais toute licence d'exportation ou autre autorisation officielle et accomplir toutes les formalités douanières pour l'exportation de la marchandise et, si nécessaire, son transit par un pays tiers.

A 3 Contrats de transport et d'assurance

a) Contrat de transport
Conclure à ses propres frais, aux conditions usuelles, un contrat pour le transport de la marchandise, par la route habituelle et selon les usages, jusqu'au point convenu au lieu de destination convenu. Si aucun point n'est convenu ou déterminé par l'usage, le vendeur peut choisir le point qui lui convient le mieux au lieu de destination convenu.

b) Contrat d'assurance
Aucune obligation.

RENDU DROITS NON ACQUITTES

(... lieu de destination convenu)

▸ Si les parties souhaitent que le vendeur accomplisse les formalités douanières et en supporte les coûts et risques cela doit être précisé en ajoutant un libellé à cet effet.

Si les parties souhaitent inclure dans les obligations du vendeur certains des frais exigibles du fait de l'importation de la marchandise (tel que la taxe sur la valeur ajoutée (TVA)) cela doit être précise en ajoutant un libellé à cet effet : «rendu droits non acquittés, TVA acquittée, (... lieu de destination convenu»).

Ce terme peut être utilisé quel que soit le mode de transport.

B ▸ L'ACHETEUR DOIT

B 1   Paiement du prix

Payer le prix comme prévu dans le contrat de vente.

B 2   Licences, autorisations et formalités

Obtenir à ses propres risques et frais toute licence d'importation ou autre autorisation officielle et accomplir toutes les formalités douanières nécessaires à l'importation de la marchandise.

B 3   Contrat de transport

Aucune obligation.

A 4   Livraison

Mettre la marchandise à la disposition de l'acheteur, conformément à A.3., à la date ou dans le délai stipulés.

A 5   Transfert des risques

Sous réserve des dispositions de B.5., supporter tous les risques de perte ou de dommage que peut courir la marchandise jusqu'au moment où elle a été livrée conformément à A.4.

A 6   Répartition des frais

Sous réserve des dispositions de B.6. :
- en plus des frais résultant de A.3.a), payer tous les frais liés à la marchandise jusqu'au moment où elle a été livrée conformément à A.4.;
- payer les frais des formalités douanières nécessaires à l'exportation ainsi que tous les droits, taxes et autres charges officielles exigibles du fait de l'exportation de la marchandise et, si nécessaire, de son transit par un pays tiers avant la livraison conformément à A.4.

A 7   Avis donné à l'acheteur

Prévenir l'acheteur dans un délai suffisant de l'expédition de la marchandise et lui donner toutes autres informations lui permettant de prendre les mesures normalement nécessaires à la réception de la marchandise.

RENDU DROITS NON ACQUITTES

B 4 Prise de livraison

Prendre livraison de la marchandise dès qu'elle a été mise à sa disposition conformément à A.4.

B 5 Transfert des risques

Supporter tous les risques de perte ou de dommage que peut courir la marchandise à partir du moment où elle a été mise à sa disposition conformément à A.4.

Si il ne remplit pas ses obligations conformément à B.2., supporter tous les risques supplémentaires de perte ou de dommage ainsi encourus par la marchandise et si il ne prévient pas le vendeur conformément à B.7., supporter tous les risques de perte ou de dommage que peut courir la marchandise à partir de la date convenue pour prendre livraison ou de la date d'expiration du délai fixé à cet effet, à condition cependant que la marchandise ait été dûment individualisée, c'est-à-dire nettement mise à part ou identifiée de toute autre façon comme étant la marchandise faisant l'objet du contrat.

B 6 Répartition des frais

Payer tous les frais liés à la marchandise à partir du moment où elle a été mise à sa disposition au lieu de destination convenu, conformément à A.4.

S'il ne remplit pas ses obligations conformément à B.2., ou si il ne prend pas livraison de la marchandise quand elle a été mise à sa disposition conformément à A.4., ou si il ne prévient pas le vendeur conformément à B.7., supporter tous les frais supplémentaires encourus de ce fait, à condition cependant que la marchandise ait été dûment individualisée, c'est-à-dire nettement mise à part ou identifiée de toute autre façon comme étant la marchandise faisant l'objet du contrat.

Payer tous les droit, taxes et autres charges officielles ainsi que les frais d'accomplissement des formalités douanières exigibles du fait de l'importation de la marchandise.

B 7 Avis donné au vendeur

Lorsqu'il est en droit de déterminer la date dans un délai donné et/ou le lieu de livraison, prévenir le vendeur dans un délai suffisant.

A 8 Preuve de la livraison, document de transport ou données informatiques équivalentes

Fournir à ses propres frais le bon de livraison et/ou le document de transport d'usage (par exemple un connaissement négociable, une lettre de transport maritime non négociable, un connaissement fluvial, une lettre de transport aérien, une lettre de voiture « rail », une lettre de voiture « route » ou un document de transport multimodal) dont l'acheteur peut avoir besoin pour prendre livraison de la marchandise.

Lorsque le vendeur et l'acheteur ont convenus de communiquer électroniquement, le document mentionné au paragraphe précédent peut être remplacé par un message d'échange de données informatiques (EDI) équivalent.

A 9 Vérification - emballage - marquage

Payer les frais des opérations de vérification (telles que contrôle de la qualité, mesurage, pesage, comptage) nécessaires à la livraison de la marchandise conformément à A.4.

Fournir à ses propres frais l'emballage nécessaire à la livraison de la marchandise (sauf s'il est d'usage dans la profession de fournir sans emballage la marchandise décrite dans le contrat). L'emballage doit être marqué de façon appropriée.

A 10 Autres obligations

Prêter à l'acheteur, à la demande de ce dernier et à ses risques et frais, tout son concours pour obtenir tous documents ou données informatiques équivalentes autres que ceux mentionnés en A.8., émis ou transmis dans le pays d'expédition et/ou d'origine et dont l'acheteur pourrait avoir besoin pour l'importation de la marchandise.

Fournir à l'acheteur, à la demande de ce dernier, les informations nécessaires pour obtenir une assurance.

B 8   **Preuve de la livraison, document de transport ou données informatiques équivalentes**

Accepter le bon de livraison ou document de transport conformément à A.8.

B 9   **Inspection de la marchandise**

Payer, sauf convention contraire, les frais d'inspection avant expédition, sauf si l'inspection a lieu sur ordre des pouvoirs publics du pays d'exportation.

B 10   **Autres obligations**

Payer tous les frais et charges encourus pour obtenir les documents ou données informatiques équivalentes mentionnés en A.10. et rembourser ceux encourus par le vendeur pour prêter son concours conformément à cet article.

RENDU
DROITS ACQUITTÉS
(... lieu de destination convenu)

«Rendu droits acquittés» signifie que le vendeur a rempli son obligation de livraison quand la marchandise a été mise à disposition au lieu convenu dans le pays d'importation. Le vendeur doit supporter tous les risques et frais, y compris les droits, taxes et autres charges, liés à la livraison de la marchandise, dédouanée, à l'importation au dit lieu. Alors que le terme EXW représente l'obligation minimum pour le vendeur, DDP représente l'obligation maximum.

Ce terme ne doit pas être utilisé si le vendeur ne peut obtenir directement ou indirectement la licence d'importation.

▶

 LE VENDEUR DOIT

A 1 Fourniture de la marchandise conformément au contrat

Fournir la marchandise et la facture commerciale, ou des données informatiques équivalentes, conformément au contrat de vente, et toute autre attestation de conformité requise par le contrat de vente.

A 2 Licences, autorisations et formalités

Obtenir à ses propres risques et frais toute licence d'exportation et d'importation ou autre autorisation officielle et accomplir toutes les formalités douanières pour l'exportation et l'importation de la marchandise et, si nécessaire, pour son transit par un pays tiers.

A 3 Contrats de transport et d'assurance

a) Contrat de transport
Conclure à ses propres frais un contrat pour le transport de la marchandise, par la route habituelle et selon les usages, jusqu'au point convenu au lieu de destination convenu. Si aucun point n'est convenu ou déterminé par l'usage, le vendeur peut choisir le point qui lui convient le mieux au lieu de destination convenu.

b) Contrat d'assurance
Aucune obligation.

RENDU
DROITS ACQUITTÉS
(... lieu de destination convenu)

▶ Si les parties souhaitent que l'acheteur dédouane la marchandise à l'importation et paie les droits, elles doivent utiliser le terme DDU.

Si les parties souhaitent exclure des obligations du vendeur certains frais payables du fait de l'importation de la marchandise (tels que la taxe sur la valeur ajoutée (TVA)) cela doit être précisé en ajoutant un libellé à cet effet « rendu droits acquittés, TVA non acquittée (... lieu de destination convenu) ».

Ce terme peut être utilisé quel que soit le mode de transport.

B ▶ L'ACHETEUR DOIT

B 1   Paiement du prix

Payer le prix comme prévu dans le contrat de vente.

B 2   Licences, autorisations et formalités

Fournir à la demande de ce dernier et à ses risques et frais tout son concours pour obtenir toute licence d'importation et autre autorisation officielle nécessaire à l'importation de la marchandise.

B 3   Contrat de transport

Aucune obligation.

RENDU DROITS ACQUITTES

A 4 Livraison

Mettre la marchandise à la disposition du vendeur conformément à A.3. à la date et dans le délai stipulés.

A 5 Transfert des risques

Sous réserve des dispositions de B.5., supporter tous les risques de perte ou de dommage que peut courir la marchandise jusqu'au moment où elle a été livrée conformément à A.4.

A 6 Répartition des frais

Sous réserve des dispositions de B.6. :
- en plus des frais résultant de A.3.a), payer tous les frais liés à la marchandise jusqu'au moment où elle a été livrée conformément à A.4.;
- payer, sauf convention contraire, les frais des formalités douanières ainsi que les droits, taxes et autres charges officielles exigibles du fait de l'importation et de l'exportation de la marchandise et, si nécessaire, de son transit par un pays tiers avant la livraision conformément à A.4.

A 7 Avis donné à l'acheteur

Prévenir l'acheteur dans un délai suffisant de l'expédition de la marchandise et lui donner toutes autres informations lui permettant de prendre les mesures normalement nécessaires à la réception de la marchandise.

A 8 Preuve de la livraison, document de transport ou données informatiques équivalentes

Fournir à ses propres frais le bon de livraison et/ou le document de transport d'usage (par exemple un connaissement négociable, une lettre de transport maritime non négociable, un connaissement fluvial, une lettre de transport aérien, une lettre de voiture »rail«, une lettre de voiture »route« ou un document de transport multimodal) dont l'acheteur peut avoir besoin pour prendre livraison de la marchandise.

Lorsque le vendeur et l'acheteur ont convenu de communiquer électroniquement, le document mentionné au paragraphe précédent peut être remplacé par un message d'échange de données informatiques (EDI) équivalent.

B 4   Prise de livraison

Prendre livraison de la marchandise dès qu'elle a été mise à sa disposition conformément à A.4.

B 5   Transfert du risque

Supporter tous les risques de perte ou de dommage que peut courir la marchandise à partir du moment où elle a été mise à sa disposition conformément à A.4.

Si il ne prévient pas le vendeur conformément à B.7., supporter tous les risques de perte et de dommage que peut courir la marchandise à partir de la date convenue pour prendre livraison ou de la date d'expiration du délai fixé à cet effet, à condition cependant que la marchandise ait été dûment individualisée, c'est-à-dire nettement mise à part ou identifiée de toute autre façon comme étant la marchandise faisant l'objet du contrat.

B 6   Répartition des frais

Payer tous les frais liés à la marchandise à partir du moment où elle a été mise à sa disposition conformément à A.4.

S'il ne prend pas livraison de la marchandise quand elle a été mise à sa disposition conformément à A.4., ou s'il ne prévient pas le vendeur conformément à B.7., supporter tous les frais supplémentaires encourus de ce fait, à condition cependant que la marchandise ait été dûment individualisée, c'est-à-dire nettement mise à part ou identifiée de toute autre façon comme étant la marchandise faisant l'objet du contrat.

B 7   Avis donné au vendeur

Lorsqu'il est en droit de déterminer la date dans le délai stipulé et/ou le lieu de livraison, prévenir le vendeur dans un délai suffisant.

B 8   Preuve de la livraison, document de transport ou données informatiques équivalentes

Accepter le bon de livraison ou le document de transport conformément à A.8.

RENDU DROITS ACQUITTÉS

A 9 Vérification - emballage - marquage

Payer les frais des opérations de vérification (telles que contrôle de la qualité, mesurage, pesage, comptage) nécessaires à la livraison de la marchandise conformément à A.4.

Fournir à ses propres frais l'emballage nécessaire à la livraison de la marchandise (sauf s'il est d'usage dans la profession de fournir sans emballage la marchandise décrite au contrat). L'emballage doit être marqué de façon appropriée.

A 10 Autres obligations

Payer tous les droits et charges encourus pour obtenir les documents ou données informatiques équivalentes mentionnées à B.10. et rembourser ceux encourus par l'acheteur pour prêter son concours.

Fournir à l'acheteur, à la demande de ce dernier, les informations nécessaires pour obtenir une assurance.

B 9   Inspection de la marchandise

Payer, sauf convention contraire, les frais d'inspection avant expédition, sauf si l'inspection a lieu sur ordre des pouvoirs publics du pays d'exportation.

B 10   Autres obligations

Prêter au vendeur, à la demande de ce dernier et à ses risques et frais, tout son concours pour obtenir les documents ou données informatiques équivalentes émis ou transmis dans le pays d'importation dont le vendeur peut avoir besoin pour mettre la marchandise à la disposition de l'acheteur conformément aux présentes règles.

ICC information
Information CCI

SERVING WORLD BUSINESS

The ICC is a non-governmental organisation serving world business. ICC members in 110 countries comprise tens of thousands of companies and business organisations. ICC National Committees or Councils in 59 countries co-ordinate activities at the national level.

The ICC
- represents the world business community at the national and international levels;
- promotes world trade and investment based on free and fair competition;
- harmonizes trade practices and formulates terminology and guidelines for importers and exporters;
- provides a growing range of practical services to business.
The ICC also produces a wide range of publications published by ICC Publishing S.A., and holds vocational seminars and business conferences in cities throughout the world.

Some ICC services
International Commercial Practices Commission
The Incoterms series was prepared by the ICC Commission on International Commercial Pratices. This Commission currently has the following principal objectives :
- to standardize existing commercial usage and prepare international definitions for new trade terms introduced as a result of advancing technology;
- to prepare model clauses for use by, for example, traders facing problems with the drafting of contracts during a period of unstable trading conditions (e.g. hardship clauses, force majeure clauses);
- to put forward the business community's solutions to problems created by divergencies between national laws;
- to represent the business community to intergovernmental agencies concerned with the unification of business law, in particular the United Nations Commission on International Trade Law (UNCITRAL).

The ICC International Court of Arbitration, founded in 1923, is the world's leading international arbitration institution. Each year some 300 new cases are submitted to it, involving every sector of international economic activity and parties from every major economic and political system. The ICC Arbitration Rules provide for supervised arbitration in order to best ensure the smooth conduct of the case and the validity of arbitral awards rendered. The arbitrations may take place in any country and in any language.

The ICC International Maritime Bureau (London). International commercial fraud, often committed on the high seas, is one of the growth crimes of the 1990s. Intelligence gathered and transmitted by the IMB has helped national police forces make major arrests. Launched in 1981, the IMB is internationally recognized for its competence.

The ICC Centre for Maritime Cooperation (London), founded in 1985, stimulates and facilitates international business cooperation in all aspects of the shipping industry. The CMC encourages an open-market approach to maritime development, fosters maritime joint ventures, cooperates with other governmental and non-governmental bodies in the maritime sector, and helps develop maritime skills through on-the-job training schemes.

The ICC Counterfeiting Intelligence Bureau (London) serves as a focal point for industries and all other affected interests to combat the growing global plague of trademark piracy. The CIB gathers intelligence on the activities of counterfeiters, investigates the sources and distribution of counterfeit goods worldwide and provides law enforcement agencies with the evidence needed to make arrests and seize bogus goods. A programme of seminars and conferences in a number of countries permits businessmen and government officials to discuss the problem and formulate effective means of prevention and detection.

The ICC International Bureau of Chambers of Commerce (Paris) is the only world forum of Chambers of Commerce. It acts as spokesman for Chambers around the world interfacing with the private sector, and international, national and governmental bodies. The IBCC administers the ATA Carnet system, a trade-facilitation measure designed by the ICC and the Customs Cooperation Council (CCC) for the temporary duty-free admission into countries of commercial samples, scientific and educational equipment, and goods for exhibition (the value of goods covered by ATA Carnets exceeds $10 billion per year). The IBCC also sponsors for executives of Chambers of Commerce and businessmen in developing countries training seminars and technical assistance programmes both independently and in cooperation with the UNCTAD/GATT International Trade Centre (Geneva). It helps Chamber of Commerce executives to solve administrative, legal and other problems of common concern to Chambers in all countries.

The ICC Institute of International Business Law and Practice.
The ICC Institute of International Business Law and Practice, established in 1979 and based in Paris, is chaired by Professor Pierre Lalive from the University of Geneva. Its Council is made up of some 40 eminent lawyers and legal practitioners from all parts of the world.
The ICC Institute's main objectives are to foster wider knowledge and the development of the law and practices of international business, through close cooperation with practitioners and scholars and through

training and research. It does so both in traditional fields such as international contracts and arbitration, and in the emerging domain of transnational law created by new technologies and new commercial activities.

With the help of corporate bodies among its Subscribing Members and through its many Corresponding Members in 35 countries, the ICC Institute constitutes a forum for all those, whether lawyers or not, who are interested in the practice, study and development of international business law.

The ICC International Environmental Bureau (Geneva) is an international clearing-house of environmental information on industrial and commercial activity. Founded in 1986, it promotes improved environmental quality by making available to other companies and interested parties examples of practical pollution control and abatement expertise from its member companies and other business organizations.

HOW TO BECOME MEMBER OF THE ICC

There are two possible ways of becoming a member of the International Chamber of Commerce, either through direct membership or through affiliation to an ICC National Committee or Group.

In a country without a National Committee, a Chamber of Commerce or a trade association can adhere individually as an Organization Member; companies, firms and busi-·nessmen can adhere as Associate Members.

If you need more information, please feel free to contact the National Committee in your country or the International Headquarters of the ICC.

SOME ICC PUBLICATIONS

LETTERS OF CREDIT
UCP 500 SERIES / 1993 REVISION

Uniform Customs and Practice for Documentary Credits / 1993 Revision

This 6th edition of ICC's *Uniform Customs and Practice for Documentary Credits* came into force on January 1, 1994. The 49 Articles of the new UCP 500 are a comprehensive and practical working aid to bankers, lawyers, importers and exporters, transport executives, educators, and those involved in international trade transactions worldwide.

No. 500, 1993 Edition, 60 pages

UCP 500 and 400 Compared

An article-by-article comparison study between the 1983 Revision and the 1993 Revision to the UCP. This study also incorporates commentaries on the rationale for the rewrite of the articles. A handy reference you will want on your desk every time you use a documentary credit.

No. 511, 1993 Edition, 148 pages

ICC Guide to Documentary Credit Operations

ICC's popular guide, written by Charles del Busto, offers a *total* explanation of the documentary credit process including • international trade considerations • a list of political, legal and economic issues • documentary requirements • roles of the Issuing and Advising banks • types and uses of documentary credits. Plus! it contains a unique combination of graphs, charts and sample documents to illustrate and highlight important points as well as a suggested checklist for documentary preparation and examination. Indispensible for everyone involved in international trade transactions.

No. 515, 1994 Edition, 120 pages

Standard Documentary Credit Forms

This authoritative sourcebook on forms to use with UCP 500 gives precise instructions about how the revised forms should be filled out. These standard Forms have been developed on the basis of the UN's layout key and this alignment with other documents in international trade makes this publication an invaluable aid to all parties to a documentary credit.

No. 516, 1994 Edition, 80 pages

Documentary Credits Insight

A New and Distinctive Newsletter

Designed to keep you on top of worldwide letter of credit developments, which impact directly on your business. Published four times a year, DCI contains analytical commentary and up-to-the-minute information from the experts who drafted UCP 500. DCI also offers you a country-by-country update on documentary credit developments from correspondents in more than twenty-five countries.

INCOTERMS 1990 SERIES

Guide to Incoterms 1990

ICC's bestselling publication contains the full text of *Incoterms 1990*. Plus! it includes a unique Incoterm-by-Incoterm commentary illustrating how each Incoterm is interpreted in law and everyday practice. Complete with 4-color graphics and illustrations. The thirteen Incoterms defined and explained are:

EXW	Ex Works
FCA	Free Carrier
FAS	Free Alongside Ship
FOB	Free on Board
CFR	Cost and Freight
CIF	Cost Insurance and Freight
CPT	Carriage Paid To
CIP	Carriage and Insurance Paid To
DAF	Delivered At Frontier
DES	Delivered Ex Ship
DEQ	Delivered Ex Quay (Duty Paid)
DDU	Delivered Duty Unpaid
DDP	Delivered Duty Paid

No 461/90, 1991 Edition, 150 pages

The Incoterms Cassette/A Business Dialogue

The Incoterms Cassette contains an informative management and training dialogue between a buyer and a seller within a management meeting setting. One 50 Minute Audio Cassette.

No. 933

COMMERCE AND TRANSPORT

Keywords in International Trade
NEW EDITION

ICC's popular multilingual glossary. Over 1800 business words, terms and abbreviations are presented in English alphabetic order with corresponding translations in German. Spanish, French and Italian on facing pages. Entries taken from fields of computer, data processing, telecommunications, banking, accounting, stock markets, insurance, transport and EC Terminology.

No. 417/4, 1995 Edition, 450 pages

UNCTAD/ICC Rules for Multimodal Transport Documents

Flexible and practical, these Rules can be used by multimodal transport operators as the basis for a multimodal transport contract. At the same time, operators can add their own clauses on matters such as optional stowage, liens, freight and charges, both-to-blame collision, jurisdiction and arbitration, and applicable law, etc., that are not fully within the scope of the Rules.

No. 481, 1992 Edition, 32 pages

Uniform Rules for Collections

Designed to assist banks in their collection operations by codifying the main rules to be applied. Describes the conditions governing collections including the presentation, payment, and acceptance terms. The articles also specify the responsibility of the bank regarding protest, case of need and actions to protect the merchandise.

No. 522, 1995 Edition, 20 pages

ICC Model Forms for Issuing Demand Guarantees

Provides forms for the five principal types of guarantees, as well as forms of instruction to correspondent banks for the issue of each type of guarantee against a counter-guarantee. Each Model Form is produced with an appropriate text in full containing an explanatory note. These Model Forms will serve as the standard work to illustrate how demand guarantees are used on a daily basis.

No. 503, 1994 Edition, 35 pages

Guide to the ICC Uniform Rules for Demand Guarantees

The ICC Guide has been divided into three parts:

Part I sets forth an introduction to the law and practice of demand guarantees and describes the structure of relationships established when they are issued.

Part II provides a general overview of the Rules, shows them in operation, and enables you to see how the various sections of the Rules interact.

Part III contains an article-by-article commentary on each Rule. This section also includes an informative and helpful series of 71 illustrative case studies, showing you how the rules apply in everyday business situations.

No. 510, 1992 Edition, 120 pages

Uniform Rules for Contract Bonds

Designed specifically for the insurance industry, these Rules apply to bonds creating obligations of an accessory nature. The Rules apply to contract bonds used most frequently in the building and engineering industry.

No. 524, 1993 Edition, 24 pages

Bills of Exchange
NEW EDITION

The most comprehensive comparison of bills of exchange law now available. Dr. Jahn reviews national differences under several headings: history and background of national provisions • sample form of bill or note • aval (guarantee) • prolongation • protest • limitation of claims • procedure to enforce claims • loss/cancellation of instruments, and offers easy-to-follow guidelines for day-to-day problems that confront attorneys and businesspeople alike.

No. 531, 1995 Edition, 85 pages

INTERNATIONAL COURT OF ARBITRATION

Guide to ICC Arbitration
Designed for those who are interested in acquiring a broad understanding of the ICC system and its relevance to their own company's activities.

No. 448, 1994 Edition, 112 pages

Conservatory and Provisional Measurements in International Arbitration
Contains the written and oral presentations made during a Colloquium on provisional and conservatory measures in international arbitration, held at the ICC Headquarters in Paris. At this meeting, leading scholars emphasized the need to differentiate the various provisional measures which may be requested by the parties, according to the type of remedy sought and the jurisdiction—to which an application is made.

No. 519, 1994 Edition, 135 pages

Collection of ICC Arbitral Awards 1986–1990
Offers extracts from five years of cases handled by the ICC Court from 1986–1990. Also contains two highly-useful indexes: Statistics on ICC activities which are regularly supplied by the *Journal du Droit International* concerning the number of cases, the amounts being litigated, the number of arbiters, etc. Another Table of Cross-Referenced Cases gives citations to the *Journal du Droit International,* the *Yearbook of Commercial Arbitration* and the *International Construction Law Review* for each of the awards published in Volumes I and II of this collection.

No. 514, 1993 Edition, 632 pages

International Chamber of Commerce Arbitration
A comprehensive treatise is devoted exclusively to the arbitral practice and procedures of the ICC International Court of Arbitration. Contains all the material of the 1984 edition plus valuable, new information on all the major developments in the field since that time.

No. 414/2, 1990 Edition, 800 pages

ICC Rules of Conciliation and Arbitration
IN FORCE JANUARY 1, 1988
The ICC International Court of Arbitration is the most widely-utilized institution for International Commercial Arbitration. Amended ICC Rules of Conciliation which improve yet further the efficiency and effectiveness of ICC Arbitration are in force since January 1, 1988.

No. 447, 1988 Edition, 43 pages

The ICC International Court of Arbitration Bulletin
The ICC International Court of Arbitration now publishes its own *Bulletin* twice a year. Intended for professionals involved in ICC Arbitration and in international commercial dispute resolution, this new *Bulletin* contains exclusive information not found anywhere else. The *Bulletin* also includes general information on international commercial arbitration (new legislation, multilateral and bilateral treaties, conferences and seminars) as well as a special supplement published once a year. Please fax the ICC International Court of Arbitration for further details: 011-33-1-49-53-29-33.